Apokalypse oder Goldenes Zeitalter?

Apokalypse oder Goldenes Zeitalter?

Zeitenwenden aus historischer Sicht

Herausgegeben von Walter Koller

Die Autoren:
Tovia Ben-Chorin
Marianne Chenou
Christoph Eggenberger
Peter Hassler
Matthias Kaup
Walter Koller
Ernst Tremp
Hans Weder
Heinz Zemanek

NZZ Verlag

Umschlagabbildung:
Hans Holbein d. J., Weltgericht (aus dem Totentanz)

ISBN 3 85823 793 0

Inhaltsverzeichnis

Walter Koller

Einleitung

Wird die Welt den 1.1.2000 überleben?
Werden die Flugzeuge vom Himmel fallen, die Lichter erlöschen, die Computer reihenweise abstürzen, der Globus im Chaos versinken und die gealterte Welt schliesslich untergehen, wie es Wirbelstürme, Sonnenfinsternis und Erdbeben seit Jahr und Tag ankünden?

Oder wird die Menschheit mit der Zeitenwende endlich die Schwelle zu einem sorgenfreien Dasein in einer neuen, geläuterten Welt überschreiten?

Der Datumswechsel als Schicksalsfrage hat bereits Untergangspropheten auf den Plan gerufen, welche technischen Problemen kosmische Dimensionen zumessen, Naturereignisse als Katastrophensignale deuten und ihre pessimistischen Erwartungen auf den Kalenderwechsel bündeln, was diesen zum Medienspektakel aufbläht. Auch Optimisten sind unterwegs; mit ihren Aufrufen zu tatkräftiger Reform erwarten sie vom Übertritt ins neue Jahrtausend das Gelingen all jener Verbesserungen, die im vergangenen auf der Strecke geblieben sind.

Wird die Welt den 1.1.2000 überleben?

Nicht allein diese Frage gab den Anstoss zur Ringvorlesung der Zürcher Volkshochschule vom Sommer 1999, deren Referate hier einem breiteren Publikum zugänglich gemacht werden; unser Interesse galt vor allem den Reaktionen, die die bevorstehende Datumsgrenze mit dem spektakulären Ziffernsprung vom 31.12.1999 auf den 1.1.2000 (keineswegs das Ende des Jahrtausends, das erst am 31.12.2000 fällig ist) in Form von Angst und Hoffnung auslöste. Weshalb können sich Zahlenmystik und Katastrophenangst auf den Kalenderwechsel hin zu einer gesteigerten Endzeiterwartung verdichten?

Thematisch ging es uns dabei um folgende Aspekte: einmal um die Grundlagen von Chronologie und Kalender, dann um Ursprung und Merkmale des apokalyptischen Denkens, weiter um dessen historische Auswirkung, die an zwei Beispielen demonstriert wird, nämlich an der Wende zum Jahr 1000 und an der Endzeiterwartung unter Kaiser Friedrich II. Ein letzter Aspekt war der Ausblick auf aussereuropäische Kulturen, der das Phänomen der Endzeiterwartung aus einer anderen Perspektive erhellen sollte.

Unser Titel «Apokalypse oder Goldenes Zeitalter?» vereint die zwiespältige Zukunftserwartung, die oben angesprochen wurde. «Apokalypse» bezeichnet zunächst einmal entsprechend dem allgemeinen Sprachgebrauch die Katastrophe, die den radikalen Bruch mit der Gegenwart herbeiführt; «Goldenes Zeitalter» verweist auf das antike Konzept der vier nach Metallen benannten Weltalter, die mit dem goldenen, paradiesischen, anheben und nach dem silbernen und ehernen mit dem eisernen enden. Über die Antike hinaus bleibt das Goldene Zeitalter stetes Ziel der Ursprungssehnsucht einer Menschheit, die ihr eigenes Dasein im schlechten eisernen angesiedelt glaubt. Trotz der antithetischen Formel bringt der Titel nicht einen Widerspruch zum Ausdruck, sondern umfasst das gesamte Endzeitgeschehen, wie es in der Offenbarung des Johannes exemplarisch geprägt wurde, als Einheit. Diese grossartige Schau von der göttlichen Enthüllung der letzten Dinge fasst Weltuntergang, Weltgericht und Erlösung in eins.

Da im folgenden auf diese Offenbarung öfters Bezug genommen wird, sei die Vision, die Johannes auf Patmos zuteil wurde, in aller Kürze in Erinnerung gerufen. Im geöffneten Himmel erblickt Johannes Gott auf dem Thron mit dem Buch mit sieben Siegeln, die nur das Lamm zu öffnen vermag. Die Öffnung der ersten vier Siegel führt die vier apokalyptischen Reiter herauf, Sieg, Krieg, Not und Tod. Nach der Lösung des fünften fordern die Märtyrer Rache für ihre Ermordung. Der Bruch des sechsten aber vernichtet die Gestirne, der Himmel rollt sich auf wie eine Buchrolle, und die Erde wird von Beben erschüttert, während die 144000 Märtyrer das Lamm anbeten.

Mit dem Brechen des siebten Siegels stossen nacheinander sieben Engel in ihre Posaunen, und jedesmal befällt eine neue Plage die Erde: Hagel und Feuer stürzen herab, das Meer wird zu Blut, das Wasser zu bitterem Wermut, Finsternis bricht herein, riesige Heuschrecken und ein Reiterheer aus dem Orient vernichten einen grossen Teil der Menschheit. Vor der siebten Posaune reicht ein Engel dem Johannes ein Büchlein, das er verschlingen muss, um weiter weissagen zu können; und mit dem letzten Posaunenstoss beginnt der Endkampf. Am Himmel erscheint das apokalyptische Weib und gebärt den Messias; Michael schleudert im Kampf den Drachen, der das Weib bedrohte, auf die Erde; da verfolgt er das Weib, das aber aus der Gefahr entrückt wird, worauf er Krieg gegen die Christen führt. Das Tier aus dem Meer und das Tier aus der Erde mit der apokalyptischen Zahl 666 helfen ihm dabei. Mit dem Bild der Kornernte, des Traubenlesens und Kelterns wird das Gericht angekündigt.

Nun giessen die sieben Engel nacheinander die Schalen des Zorns Gottes aus und bringen eine weitere Folge von Plagen über die Menschen, die das Tier anbeten. Die siebte Schale vernichtet durch Erdbeben einen Teil der Welt. Darauf erblickt Johannes die Hure Babylon, die ihm von einem Engel allegorisch gedeutet wird, und vernimmt ihre Verurteilung und die Zerstörung der Stadt Babylon. Christus vernichtet darauf seine Feinde bei Harmaggedon mit dem Schwert, das aus seinem Mund hervorgeht; das Tier und der falsche Prophet werden in den Feuersee geworfen, der Drache, Satan, von einem Engel in die Unterwelt eingeschlossen. Jetzt herrscht für tausend Jahre Christus. Danach kommt Satan frei und beginnt den Endkampf um die Stadt der Heiligen, unterliegt aber und endet im Feuersee. Darauf folgt die Auferstehung der Toten und das Gericht, wonach auch die Frevler in den Feuersee geworfen werden. Anschliessend sinkt das neue Jerusalem, aus Edelsteinen erbaut, als Wohnsitz der Gerechten vom Himmel zur Erde nieder.

In dieser Bildersequenz sind die wesentlichen Elemente der Apokalyptik enthalten: Erscheinen des göttlichen Retters, Vernichtung der Welt im Kampf gegen seinen Widersacher, Gericht und Erlösung der Auserwählten und schliesslich die Erschaffung einer neuen vollkommenen Welt.

Die Frage lag nahe, wann der Messias erscheinen werde. Nach christlicher Auffassung war die Zeit limitiert; sie hatte mit der Schöpfung einen berechenbaren Anfang (Hieronymus [† 420] und ihm folgend Isidor von Sevilla [† 636] datierten ihn auf 5528 Jahre vor der Passion Christi) und musste in einem linearen Verlauf zum vorherbestimmten Ende gelangen. Aufgabe der Chronologie war es, den Standort des Menschen in diesem Verlauf zu bestimmen. Die Periodisierung des Zeitverlaufs, z. B. in die vier Weltreiche nach dem Buch Daniel oder in sechs Weltalter analog zu den sechs biblischen Schöpfungstagen, seit Augustin weit verbreitet, erleichterte diese Aufgabe. Solche Gliederungen ermöglichten auch die Berechnung der Endzeit: Hippolyt von Rom (um 200 n. Chr.) kalkulierte die Dauer der sechs Weltalter auf insgesamt 6000 Jahre und errechnete aus den Massen der Bundeslade, dass der Weltsabbat, eine Analogie zum siebten Schöpfungstag, fünfhundert Jahre nach Christi Geburt bevorstehe. Die Annäherung an den Millenarismus durch die Gleichsetzung jeder Ära mit einem Jahrtausend ist unverkennbar. Obschon Jesus seinen Anhängern die Fristrechnung verboten hatte (Apostelgeschichte 1,7), gab es immer wieder derartige Zahlenspekulationen. Noch der französische Gelehrte Pierre d'Ailly († 1420) berechnete den Weltuntergang auf 1789. Einflussreicher war für das spätere Mittelalter die Theorie des kalabresischen Abtes Joachim von Fiore († 1202), der in Analogie zur Dreifaltigkeitslehre drei Zeitalter zu 42 Generationen postulierte und den Beginn der Ära des heiligen Geistes auf 1260 ansetzte. Ob man nun die Fristrechnung abschloss oder offen liess, im Mittelalter lebte jedermann im Bewusstsein, dass die Welt gealtert und ihrem Ende nahe war, näher jedenfalls als dem Anfang. So verschmolzen Zahlenmystik, Kalendersymbolik und Endzeiterwartung allmählich miteinander.

Damit ist der Bereich unserer Ringvorlesung abgesteckt.

Heinz Zemanek vermittelt die Grundlagen für einen rationalen Zugang zur Chronologie. Er definiert den Kalender als Ordnung des Zeitablaufs durch die Gliederung in fortlaufend gezählte feste Einheiten, wohingegen die Übereinstimmung dieser Ordnung mit astronomischen Erscheinungen sekundär ist. Der christliche Kalender stellt eine symbolische Projektion der Erd- und Mondbewegungen auf die Liste von Tagen dar, entstanden aus der Vereinheitlichung der Festrechnung. – Der Computerpionier kommentiert auch den Programmfehler, der das Jahr-2000-Problem verursacht hat.

Hans Weder verfolgt die geschichtlichen Ursprünge der Apokalyptik. Er entwickelt das Bild einer komplexen Vorstellung, welche angesichts der Erfahrung, dass die Welt verdorben ist, die Hoffnung auf die Erfüllung der göttlichen Verheissung in die Zukunft verlagert, was aber einen radikalen Bruch in der Zeit voraussetzt. Als Kern der Apokalyptik erscheint der Gedanke der Vergeltung.

Christoph Eggenberger macht die bildliche Umsetzung der Johannes-Offenbarung in der mittelalterlichen Kunst sichtbar und zeigt exemplarisch den Wandel der thematischen Auswahl und der Motivgestaltung, der im Lauf der künstlerischen Auseinandersetzung mit diesem «Text der Bilder» stattgefunden hat.

Tovia Ben-Chorin stellt die jüdischen Endzeitvorstellungen dar. Sie sind im Monotheismus Abrahams verankert und durch einen besonderen Vertrag zwischen Gott und dem auserwählten Volk charakterisiert, der diesem nach der Leidenszeit die Erlösung verheisst. Das messianische Element ist in allen Wandlungen dieser Vorstellung bis zu ihrer säkularen Ausprägung im Zionismus und selbst in der orthodox-radikalen Reaktion darauf immer präsent.

Ernst Tremp untersucht, was sich am Ende des ersten Jahrtausends abspielte, und stellt fest, dass man die chronologische Zäsur weder ignorierte noch sich von Entsetzen lähmen liess. Es gab wohl die Sorge um den Fortbestand der Welt, doch über eine intensivierte Frömmigkeit steigerte sie die profanen Aktivitäten und förderte so den Aufschwung des 11. Jahrhunderts.

Matthias Kaup analysiert die Auswirkungen, die die apokalyptischen Visionen Joachims von Fiore auf Interpretation und Verlauf des Konflikts hatten, den Kaiser Friedrich II. († 1250), zum Entsetzen mancher Zeitgenossen offenkundig in der Rolle des Antichrist, mit den Päpsten seiner Zeit austrug.

Marianne Chenou zeigt, wie stark sich der Koran mit der Vorstellung von Weltuntergang, Auferstehung und Gericht an die jüdisch-christliche Tradition anschloss; mit der Figur des Mahdi postulierte die nachkoranische Entwicklung zudem einen Erlöser, was das Auftreten mehrerer historischer Mahdis zur Folge hatte.

Peter Hassler demonstriert, dass die polytheistischen Hochkulturen Altamerikas mit ihrer reichen Schöpfungsmythologie und dem komplexen Kalender die Zeit als zyklisches Phänomen auffassten. Im ewigen Kreislauf von Werden und Vergehen wurden immer wieder Welten geschaffen und vernichtet; für Apokalyptik war hier kein Raum. Aber mit der Christianisierung hielten auch hier millenaristische Erwartungen Einzug, die von der Hoffnung auf das Ende der weissen Dominanz gespeist wurden.

Es ist bemerkenswert, dass in allen erwähnten Kulturen ein Empfinden für die Unzulänglichkeit der Welt existiert, dem gegenüber der Mensch ohnmächtig ist; der Erneuerung geht deshalb mit Notwendigkeit ein furchtbarer Untergang voraus. Doch ist das für die Kulturen der Alten Welt kein kosmisches Fatum, sondern ein göttlicher Willensakt, der zuvor geoffenbart worden ist. Aus Furcht und Neugier versucht man, aufgrund der Offenbarung nicht nur den Ablauf, sondern auch den Zeitpunkt der Katastrophe zu ermitteln.

Eine derartige Auffassung vom göttlichen Handeln wirft aber die Sinnfrage auf: es ist das Böse in der Welt, das radikal bekämpft werden muss, weil es die Schöpfung verdirbt. Die Apokalypse ist die Vernichtung des Bösen und die Belohnung des Guten durch die Erneuerung der ursprünglich heilen Schöpfung. Der Urheber ist Gott selbst oder sein Gesandter, der die Welt im doppelten Sinn richtet, indem er sie aburteilt und zugleich wiederherstellt, in Ordnung bringt. Mit der Gebärde imperialer Allmacht beendet er die Unbeständigkeit der Zeitlichkeit für immer und beschert seinen Anhängern nach dem Bruch mit der früheren Welt das Paradies. Die Voraussetzung für diese Auffassung ist aber ein historisches Bewusstsein aufgrund der Annahme eines linearen Zeitablaufs und der zusätzlichen Annahme, dass diese Zeit, genau wie der Raum, eng begrenzt ist.

Die Idee eines universalen Friedensreiches, dessen Geschick in den Händen eines allmächtigen, unfehlbar gerechten und kriegerischen Herrn liegt, lässt sich historisch einigermassen situieren. Sie passt in die Periode der mediterranen Grossreiche, deren letztes das Imperium Romanum war. Aus dieser Idee wurde eine Endzeitmythologie entwickelt, die unabhängig vom historischen Substrat ihre Wirkung entfalten konnte, weil sie eine universelle Stimmung auffing: das Leiden an der Welt und die Sehnsucht nach Erlösung. Ein solches Gefühl ist wohl latent immer und überall vorhanden, und bestimmte Impulse, wie eine chronologische Schwelle, können es aktivieren und zur manifesten Schreckensvision verdichten.

Letztlich – das haben manche Voten während der Diskussion gezeigt – wirft die Apokalyptik mit ihrem eschatologischen Gehalt auch die Frage nach dem eigenen Dasein auf. Sie fällt nicht mehr unter die Zuständigkeit der historischen Wissenschaften. Aber angesichts der Erfahrung, dass uns keine Macht davon entbindet, unsere Probleme selbst zu lösen, scheint es richtig, vor der Gewissheit des individuellen Endes das eigene Leben in der Gegenwart zu leben und seine Erfüllung nicht auf eine jenseitige Zukunft zu verschieben.

Unser herzlicher Dank gilt Dr. Jürg Wagner, Direktor der Volkshochschule des Kantons Zürich, der die Publikation der Ringvorlesung spontan unterstützt und nach Kräften gefördert hat.

Heinz Zemanek

Das Wesen des Kalenders

Grundlagen des Kalenders

Es ist nicht ganz selbstverständlich, einer Vorlesungsreihe mit dem Titel «Apokalypse oder Goldenes Zeitalter» eine Betrachtung über unsere Zeitordnung voranzustellen. Ich sage Ihnen sogleich, dass ich keine revolutionären Ideen vorzutragen habe; es ist *Klarheit*, die ich Ihnen bringen möchte. Ich halte unsere Zeitordnung, den Gregorianischen Kalender, zwar für imperfekt, wie eben alles Menschliche imperfekt ist, aber für eine Glanzleistung der Wissenschaft des 16. Jahrhunderts, bis heute vorbildlich sowohl in physikalischer Präzision wie auch im Respekt für Tradition und menschliche Empfindung. Daher lade ich Sie auch ein, jedweden Reformvorschlägen kein Gehör zu schenken. Mein Motto lautet: Der Kalender gehört nicht reformiert, er gehört verstanden. Aber das kommt nicht von selbst. Der Kalender ist eine seltsame Mischung von einfachen Konzepten und einer Ballung von aufgezwungenen Einzelheiten. Wenigstens die einfachen Konzepte sollten zur allgemeinen Bildung gehören. Würden Sie aber in einer Bibliothek Kalender der letzten hundert Jahre durchstöbern, müssten Sie feststellen, dass die Kalendermacher immer weniger Kalenderwissen beipacken. Woher sollte es auch kommen? Selbst der Klerus, der nach einem Wort des Augustinus zum Kalenderwissen verpflichtet ist, steht manchmal hilflos vor der Aufgabe, ein Osterdatum im 19. Jahrhundert zu suchen.

Der Gregorianische Kalender ist ein ewiger Kalender: er gestattet die Annäherung an Sonne und Mond mit jeder gewünschten Genauigkeit. Die Restkorrekturen sind trivial. Eine Imperfektion liegt z.B. in den willkürlichen Monatslängen und daher unterschiedlichen Quartalslängen. Dies hat aber mittlerweile 2000 Jahre Tradition, und keine Verbesserung wiegt die Verunsicherung auf, welche jede Veränderung bringen würde. Da die Arbeitszeit, z.B. die Zahl der Arbeitsstunden pro Quartal, überall von zusätzlichen Feiertagen verändert wird, gibt es keinen Grund für übermässige Rationalität, erst recht nicht im Computerzeitalter, wo einfache Programme alle Unregelmässigkeiten wegzurechnen gestatten.

Aus den Einsichten, die aus einer langen Auseinandersetzung mit dem Wesen und der Geschichte des Kalenders erwachsen sind, werde ich Ihnen somit keinerlei Verbesserungen vorschlagen, wohl aber eine Sicht vortragen, die Ihnen wahrscheinlich in manchen Punkten ungewöhnlich vorkommen wird. Die Absicht dabei ist nicht modernistische Originalität, sondern Zugang zum Wesen der Zeitordnung, und darin verbirgt sich ein wenig Opposition zum technisch-physikalischen Blick unserer Zeit. Darin bin ich aber nicht ein Herold der Vergangenheit, sondern ich spreche als eine Art Philosoph der Informationstechnik. Ich bin auf den Gegenstand ‹Kalender› auch bei der Betrachtung der Geschichte dieser Technik gestossen, und zwar bei der gründlichen Lösung der einfachen Frage: woher kommt das Wort ALGORITHMUS? Dieses Wort bezeichnet die Rechenregel, die heute für jeden Computer die Betriebsgrundlage bildet, die Ihnen aber bestens vertraut ist, auch wenn Sie keinen Computer besitzen oder – wie ich – recht misstrauisch sind gegen ihn. Sie wenden, auch wenn Sie es nicht wissen, einen Algorithmus an, wenn Sie zwei mehrstellige Zahlen miteinander multiplizieren.

Der Name ‹Algorithmus› ist vom Namen eines Mathematikers im Dienste eines Sohnes des berühmten Kalifen Harun ar-Raschid abgeleitet, und dies insofern zurecht, als Muchammad ibn Musa al Chorezmi (ca. 783–850) die Regeln für das Rechnen im indischen Stellenwertsystem zum ersten Mal verständlich dargestellt hat, und zwar so ausserordentlich verständlich, dass sich dieses Zahlensystem noch zu seinen Lebzeiten über die ganze islamische Welt verbreitete und dann über Spanien und Sizilien nach Europa gelangte. Adam Riese ist über ein paar Ecken von al Chorezmi abgeschrieben. Chorezmien, das Ursprungsland von al Chorezmi, ist eine riesige Oase am Unterlauf des Amu Darja, bevor er in den Aralsee mündet.

Al Chorezmi ist aber auch mit dem Kalender verbunden; er hat bereits in seinem Jugendwerk – in den astronomischen Tafeln – empfohlen, alles in Tagen zu rechnen. Er hat auch die erste systematische Darstellung des Jüdischen Kalenders verfasst. – Nach Überwindung etlicher Hindernisse ist es mir gelungen, von der Universität Bankipur im östlichen Nordindien eine Photokopie der einzigen erhaltenen Abschrift dieses Werkes zu bekommen.

Niemand kann sagen, was Zeit ist, aber jeder Mensch spürt sie durch seinen Körper fliessen, am stärksten durch die Rhythmen der Körperfunktionen, durch den Atem und den Herzschlag zum Beispiel, durch das abendliche Schlafbedürfnis oder durch die Frühjahrsmüdigkeit. Die Zeitempfindung und Zeitbeobachtung sind von Uhr und Kalender recht unabhängig, so wie wir ja auch Geschwindigkeit direkt empfinden und nicht erst als Weg dividiert durch die Zeit.

Niemand kann sagen, was Zeit ist, aber man kann sie messen. Doch dieses Messen soll man nicht mit der Namensliste ‹Kalender› vermengen. Der Kalender hat viel mehr mit der direkten Zeitempfindung zu tun als mit einer physikalisch-technischen Messung.

Zwar liefern die Gestirne die Masseinheiten, aber eben nicht auf direktem Weg. Sonne und Mond sind dafür die Hauptlieferanten; die Bewegung der Sterne markiert nur einen scheinbaren Hintergrund, denn die Drehung ist ein Effekt der Erdrotation. Die Planeten spielen nur eine Nebenrolle. Merkur und Venus wären zwar als Kalenderzeiger geeignet, aber sie schaffen keine klare Blockbildung. Nur ein Sternenfreund gerät da nicht in Verwirrung. Der Normalmensch ist gewohnt, zum Neuen Jahr seinen neuen Kalender zu bekommen – warum sollte er der Zeitordnung besondere Beachtung schenken? Aber sie gehört eben doch zur Kultur. Der Mensch ist nicht für das Dahinleben geboren.

Es folgen nun ein paar Grundweisheiten zum Kalenderwesen.

1. Das Datum ist ein Name.

Das Datum ist ein Name für einen Tag. Der Kalender ist eine Liste dieser Namen, üblicherweise für ein Jahr. Als Modell ist aber das Blatt eines Wochenkalenders bestens geeignet: eine Liste von sieben Tagesnamen von Sonntag bis Samstag, genauer bestimmt durch Monatstag, Monatsname und Jahreszahl.

	Wochentag	Monatstag	Heiliger
1	Sonntag	21 MRZ	Alexandra
2	Montag	22 MRZ	Lea
3	Dienstag	23 MRZ	Otto
4	Mittwoch	24 MRZ	Katharina von Siena
5	Donnerstag	25 MRZ	Verkündigung
6	Freitag	26 MRZ	Emmanuel
7	Samstag	27 MRZ	Heimo

Die Zahlen dürfen nicht täuschen: auch sie sind im Kalender in erster Linie Namen und nur in wohlüberlegter Beschränkung so etwas wie Masszahlen, mit denen man rechnen kann. Die Neigung der Mathematiker, den Kalender durch einen Algorithmus zu erfassen, passt zwar zu ihrem Metier, hilft aber dem Kalenderverständnis nur selten. Die bekannteste mathematische Rechenregel ist die Osterformel von Gauss, die zwar das korrekte Osterdatum liefert, aber nicht zeigt, warum.

2. Die Woche ist ein Block. Blöcke schaffen die Sicherheit in der Zeitorientierung.

Die Woche zeigt nicht nur das Wesen des Kalenders, sie ist auch ein ideales Beispiel für das Orientierungsprinzip, das man von einem Kalender verlangen muss: die Blockbildung. Die Woche ist ein Block von sieben Tagen, der sich mit verlässlicher Ausnahmslosigkeit ständig wiederholt. Ein guter Kalender ist dadurch gekennzeichnet, dass er klare Blöcke und möglichst wenig Ausnahmen hat. Diese Forderung nach Ordnung steht im Widerspruch zur Genauigkeit, mit welcher der Gleichlauf mit den Gestirnen eingehalten werden soll. Darauf komme ich zurück; hier will ich nur das allgemeine Prinzip hervorheben: von einem gewissen Punkt an kann man höhere Ordnung nur noch durch einen Verzicht auf Genauigkeit erzielen und umgekehrt. Man kann nicht gleichzeitig Ordnungs- und Genauigkeitsfanatiker sein; besser folgt man – hier wie überall – einem massvollen Drang nach Klarheit.

Dies erklärt übrigens, warum die alten Ägypter ihren Kalender mit ausnahmslos 365 Tagen im Jahr nicht aufgeben wollten. Er repräsentierte mehr Ordnung als Genauigkeit hinsichtlich der Jahreszeiten, die aber in Ägypten nicht so ausgeprägt sind wie bei uns.

3. Der Kalender muss sich von der Astronomie absetzen.

Niemand weiss, wann der erste Donnerstag war, aber man kann sich darauf verlassen, dass der folgende Tag ein Freitag war. Diese Verlässlichkeit ist aber um den Preis der Gestirnunabhängigkeit erkauft. Der Kalender muss sich auf vielfältige Weise von der Astronomie absetzen. Der erwähnte ägyptische Kalender war ein erstes Beispiel dafür. Wir tun das gleiche mit der Woche. Wollte die Woche mit den Mondvierteln laufen, müsste sie über 5 % länger sein und daher die gleichmässige Wiederholung durch Ausnahmen unterbrechen. Die Anpassung an Sonne und Mond, an Jahreszeiten und Mondphasen, die nicht ohne Willkür möglich ist, bringt die

Vielfalt der Kalender hervor. Da die Zeit keine natürlichen Anfangspunkte liefert, muss man auch den Zählbeginn in allen Fällen künstlich ansetzen, und das ist die zweite Willkür, damit die zweite Quelle für die Kalendervielfalt.

Alle Blöcke dienen der Orientierung im Lauf der Zeit, aber aus den genannten Gründen können nicht alle eine feste Listenlänge wie die Woche haben. Der Block des Kalenderjahres kann 365 oder 366 Tagesnamen enthalten (in unserem Kalender – im Jüdischen oder Mohammedanischen Kalender lauten die Zahlen anders). Das hat mit Genauigkeit zu tun. Aber mit diesem Begriff muss man beim Kalender vorsichtig umgehen, denn jeder Kalender ist entweder völlig genau oder unvollständig definiert.

Damit wird die Frage nach der Genauigkeit eines Kalenders an sich sinnlos. Ein Kalender muss ordentlich sein. Die Frage der Genauigkeit stellt sich erst, wenn man den Kalender mit physikalischen Vorgängen vergleicht, mit Gestirnperioden zum Beispiel, oder wenn man den Kalender an solche – Mondphasen oder Jahreszeiten – anpassen will. Bevor man dies in Erwägung zieht, muss man überlegen, in welchem Mass die Anpassung vernünftig ist. Das Wetter richtet sich weder nach dem Kalender noch nach den Gestirnen. Überdies ist der Vorgang eher umgekehrt aufzufassen: astronomische Ereignisse werden vom Kalender her datiert. Der Kalender ist zuerst da, er bietet die Genauigkeit, mit welcher die Daten der Astronomie festgehalten werden können. Das ist natürlich eine Wechselwirkung.

4. Die Kalender-Parameter sind das Einzige, was die Astronomie zu liefern hat. Sie lauten: Lunation 29,53059 d und Jahr 365,24220 d.

Sonne und Mond sind unverlässliche Markierungspunkte, räumlich wie zeitlich; die Mondbahn kann nur durch eine der kompliziertesten Formeln der klassischen Physik angenähert werden, und der Nordpol geht höchst unregelmässig in einem schrebergartengrossen Gelände spazieren. Die wirklichen Gestirne sind als Grundlage für den Kalender nicht geeignet.

Schon in der Antike hat man für die Zeitordnung gemittelte Gestirne erdacht, eine virtuelle Sonne, die nicht wie die wirkliche um bis zu 15 Minuten falsch ‹geht›, und einen virtuellen Mond, der nicht von der Beobachtung der ersten Mondsichel nach Abnahme und dem Neumond, dem ‹Neulicht›, abhängt, sondern theoretische Himmelskörper, die so regelmässig ‹gehen› wie die Uhren der eben laufenden Zeitperiode.

Verschiedene Kalenderblöcke

Woche	7 d
Monat	28 bis 31 d
Ägyptisches Jahr	365 d
Römisches Jahr	365 oder 366 d
Maya Tsolkin	260 d
Maya Haab	365 d
Jahr in anderen Kalendern	353 bis 386 d

Vier Julianische Jahre	4 a	1461 d
Römische Steuerperiode	15 a	5478,75 d
Mondperiode	19 a	6939,75 d
Sonnenperiode	28a	10227 d
4 Mondperioden	76 a	27759 d
30 Mohammedanische Jahre	28 a + 404 d	10631 d
Gregorianische Periode	400 a_{GREG}	146097 d
Julianische Osterperiode	532 a	194313 d
Sothisperiode (ägyptisch)	1460 a	533265 d
Scaligerperiode	7980 a	2914695 d

a: = ein Julianisches Jahr zu 365,25 d; d: = ein Tag zu 86400 s;

Aber es gibt eine bemerkenswerte Ausnahme, und das ist erstaunlicherweise der im Einzelnen unverlässliche Mond. Er war die ‹Quarzuhr› der Antike, weil das Neulicht einen Markierungspunkt setzte, welcher beobachtenden und aufzeichnenden Gelehrten gute Grundlagen für die Mittelung lieferte. Daher war der heutige Wert von 29,53059 Tagen für den mittleren Abstand von einem Neulicht zum nächsten, Lunation genannt, mit voller Genauigkeit bereits den chaldäischen Gelehrten bekannt, die ihn in der hexadezimalen Form 29; 31/60, 50/3600, 8/216000, 20/12960000 ausdrückten: 29;31,50,8,20, als Bruch: 29+13759/25920= 29,5305941... – Die jüdischen Gelehrten übersetzten diesen Wert genau in 29 Tage, 12 Stunden und 793 Chalakim (1/1080 einer Stunde) und verwendeten ihn auch für die Gestaltung des endgültigen Jüdischen Kalenders vor mehr als tausend Jahren.

1 Tag hat 24 Stunden, 1 Stunde hat 1080 Atemzüge, 1 Atemzug hat 4 Herzschläge und 1 Herzschlag hat 19 Augenblicke: so ist der Mensch durch seine Natur als Geschöpf in die Weltordnung eingebettet.

Die präzise Länge des Sonnenjahres war mangels eines solchen Markierungpunktes bis ins 19. Jahrhundert nicht mit Sicherheit bekannt. Daher werden Jüdischer wie Gregorianischer Kalender eine Feinkorrektur (eine einfache Ergänzung, nicht eine Reform) brauchen. Die Abweichung beträgt beim Jüdischen Kalender 4,6222 d in 1000 Jahren. Der Gregorianische Kalender muss lediglich alle 3200 Jahre zusätzlich (zum ersten Mal im Jahre 3200 nChr) einen Schalttag auslassen und stimmt dann für alle absehbare Zukunft. Wenn dazu noch alle 32000 Jahre eine zusätzliche Mondverschiebung erfolgt, ist unser Kalender über 190000 Jahre auf 10^{-8} genau. Das ist die Genauigkeit der Atomuhr.

Merkt man noch an, dass die antiken Anfangstage der Jahreszeiten die 25. der Monate März und Dezember sowie die 24. der Monate Juni und September waren, von der Gregorianischen Reform aber auf die 21. bzw. 20. verlegt wurden, so hat man alles beisammen, was man an Astronomie für den Kalender braucht.

Bilanz über 190000 Jahre

190000 Jul Jahre			69397500 d
190000 Astron Jahre			69396016 d
DIFFERENZ			1482 d
2 350 000 Jul LN			69397500 d
2 350 000 Astron LN			69396886,5 d
DIFFERENZ			613,5 d
Gregorianische Korrekturen I und II (k,l)			
Sonnenangleichung I	(190000/400)x3	=	1425 d
Sonnenangleichung II	(190000/10000)x3	=	57 d
SUMME			1482 d
Mondangleichung I	(190000/2500)x8	=	608 d
Mondangleichung II	(190000/32000)	=	5,9375 d
SUMME			613,9375 d

Die ursprüngliche Einladung, über die symbolische Komponente des Kalenders zu sprechen, hat mich veranlasst, noch einmal über diese Beziehung nachzudenken. Unser Kalender symbolisiert den Zusammenhang unseres Lebens mit dem Weltall, wo sich Sonne und Mond vom allgemeinen Hintergrund des Sternenhimmels abheben und uns ihre Rhythmen aufprägen, seit es Menschen gibt. Ein Kalender auf geistiger Basis muss daher Sonnen- und Mondrhythmus in Koordination bringen, eine Aufgabe, die vom europäischen Kulturfluss, vom Zweistromland bis Europa (und Amerika in der Folge), in 3500 Jahren Bemühung hervorragend gelöst wurde. Der technisierten Menschheit sind die Einflüsse von Sonne und Mond aus dem Bewusstsein weitgehend entschwunden, insbesondere seit uns das elektrische Licht scheinbar unabhängig von ihnen gemacht hat.

Das Symbol ist ein Zeichen für ein Ganzes, so wie die rote Nelke in der Arbeiterbewegung für den 1. Mai steht und der 1. Mai für die Ziele und Erfolge der Arbeiterbewegung selbst. In den Monatsnamen ist ebenfalls eine Welt von Symbolik eingebettet, vom April, der das neue Wachstum symbolisiert, bis zum Dezember, der ja der zwölfte Monat ist und nicht der zehnte und damit im scheinbar falschen Namen Kalendergeschichte speichert. Auch einzelne Tage nehmen Symbolcharakter an; man denke nur an die Strassennamen auf der ganzen Welt, die aus einem Datum bestehen, und an die vielfältige Gedankenwelt, die diese Daten repräsentieren. Und was könnte man allein über die drei Daten 25 MRZ, 14 JULI, 1 MAI philosophieren. Dass viele Tage Feste und Heilige bezeichnen, ist bewusste Symbolik.

Kehren wir zur abbildenden Symbolik zurück, so reicht die Abstraktion des Sonnenlaufs durch die Sonnenuhr vom selbstmontierten Stab bis zum Wunderwerk des Augustus in Rom (von der modernen Stadt fast völlig zugedeckt), das das astronomische Wissen seiner Zeit in erstaunlicher Weise wiedergibt. Es wäre verlockend, hier von den Kalenderbauten der Menschheit, von Stonehenge bis zu den Pyramiden, zu sprechen.

Unsere Zeit hat die Abstraktion kräftig weitergetrieben. Symbolisiert die Zeigeruhr die Drehung der Erde um ihre Achse, so hat die Elektronik den Kreis zur reinen Zahlenangabe abstrahiert (wobei die Abbildung der Zeitspanne auf den Zeigerwinkel der Uhr verloren geht), bis hin zur Binär-Uhr auf dem Kurfürstendamm.

An dieser Stelle ist eine Bemerkung über die Astrologie angebracht. Bei ihr ist die symbolische Komponente noch stärker und wird gerne noch übertrieben. Andererseits soll man sich vor leichtfertiger Verachtung hüten. Selbst wenn alle astrologische Weisheit nur psychologischen Charakter hätte (was ich nicht glaube), steckt darin spezifisch verpackte jahrhundertealte Erfahrung. Dem Fortschritt in Bezug auf die Astrologie der Antike steht die Präzession gegenüber, das Kreisen des Polarsterns (oder besser des Polarpunktes am Himmel), welche die Zuordnung der Astrologie zu den Sternbildern ins Fragliche rückt, vielleicht aber gerade dadurch das Zeitinvariante astrologischer Behauptungen beachtenswert macht. Beinahe an jeder Stelle könnte dieser Vortrag Fenster zu weiteren Welten öffnen: Das Kalenderproblem ist vieldimensional.

Noch einmal: Unser Kalender ist eine symbolische Projektion von Erd- und Mondbewegung auf die Liste von Tagen, die ein Kalender darstellt. Das Christentum hat diese Symbolik auf die Abbildung des Heilsgeschehens überhöht: die Woche, einem Viertel der Mondphase angenähert, bringt die Leidenswoche in Erinnerung, und das Kirchenjahr die Heilsgeschichte. Diese Symbolik wiederum macht auch unsere Jahreszählung symbolisch richtig, unabhängig von den historischen Einzeldaten. Zudem beruht das System auf dem Römischen Kalender mit seiner 2500 Jahre alten Tradition. Der Frühlingsbeginn der Römer lag auf dem 25. März, auf welchen dann Mariae Verkündigung angesetzt wurde. Ostern fällt auf den Sonntag, der auf den ersten Frühlingsvollmond folgt, und damit ist nicht nur der Mond einbezogen (hinter dem alexandrinischen Osteralgorithmus ist der 3500 Jahre alte Babylonische Lunisolarkalender verborgen, aber wirksam). Als man im 6. Jahrhundert diese Berechnung im Griff hatte, vermochte man sie auch rückwirkend bis in die Zeit der Geburt Christi anzuwenden. Diese Rechnung führte mit der babylonischen 19-Jahr-Periode um das Jahr 532 (28x19) auf das Jahr, das wir 1 nChr nennen, oder genauer 1 vChr, denn der Inkarnation Christi am 25. März 1 vChr folgte neun Monate später, am 25. Dezember 1 vChr, die Geburt, in deren Oktav mit dem 1. Januar 1 nChr auch das Römische Neujahr liegt (der Begriff Inkarnation – Fleischwerdung – Christi wird im Mittelalter nicht nur für die Geburt, sondern auch für die Empfängnis verwendet).

Der Julianische Kalender hat eine klare Ordnung, und das war sicher auch ein Grund, warum sich die seit langem als notwendig erkannte Reform so lange verzögerte. Für die Chronologie zieht man den Julianischen Kalender vor und fügt die Gregorianischen Korrekturen in zwei weiteren Schritten bei.

Die Schaltperiode bringt den Faktor 4, die Woche den Faktor 7, die Sonne daher den Faktor 28. Der Mond liefert den Faktor 19, und 19 mal 28 ergibt 532, was man auch als 76 mal 7 auffassen kann. Denn 19 Jahre haben 6939,75 d, 76 Jahre somit 27759 d, und diese entsprechen 940 Lunationen. Der Vergleich mit den astronomischen Parametern zeigt die Schwäche dieser Ordnung: Sonne und Mond wandern aus ihr hinaus; die Sonne, z. B. der Frühlingsanfang, um 1 d alle 128 Jahre, und der Mond, z. B. das Neulicht, alle 309 Jahre.

Trotzdem musste Julius Caesars Ordnung drei 532-Jahr-Blöcke lang, dreimal 19313 d, untermauert von der alexandrinischen Osterberechnung, genügen. Dann aber war die griechisch-römische Genauigkeit nicht mehr ausreichend, und es musste höhere Präzision gegen mehr Unordnung (durch Ausnahmen) erkauft werden. Dabei brachte die Gregorianische Kalenderreform das Kunststück zuwege, beliebige Genauigkeit zu erreichen, ohne an der Tradition mehr als allerkleinste Änderungen anzubringen. Was dem gegenwärtigen Gregorianischen Kalender noch fehlt, drei Tage zuviel in 10000 Jahren, lässt sich mit seinen eigenen Mitteln korrigieren, und wir haben bis zum Jahr 3200 Zeit, das Problem formal zu erledigen – am zweckmässigsten wäre m. E. das Auslassen eines weiteren Schalttages alle 3200 Jahre, weil dies den gregorianischen Block mit seiner ganzen Wochenzahl unangetastet lässt.

Der Computus

Der Christenheit musste es darum gehen, ihr höchstes Fest, das Gedenken an die Auferstehung Christi, auf der ganzen Welt (d. h. zunächst im ganzen römischen Reich) am gleichen Tag zu feiern. Zur Vereinheitlichung der Grundlagen für die christliche Festrechnung war eine mentale wie eine technische Einigung erforderlich. Die mentale wurde auf dem Konzil von Nikäa 325 erzielt, die technische im 6. Jahrhundert, also etwa gleichzeitig mit der Regelung des Jüdischen Kalenders. Technisch geht es um den Algorithmus, die Rechenregel, der den Ostertermin bestimmt, um die Aufstellung von Tabellen nach dieser Regel und um deren weltweite Verteilung. Die Methodik wurde *Computus ecclesiasticus* genannt, kurz Computus. Durch Jahrhunderte war der Computus die einzige Mathematik, die an den Universitäten gelehrt wurde. Das praktische Rechnen war ja ein Handwerk, von Rechenmeistern weitergegeben wie das Schreinern von Tischlern.

Das Knochengerüst des Computus wird von drei Zahlen gebildet: eine für die Sonne, eine für den Mond und eine für die Steuern. Letztere sind im Unterschied zu den ersten beiden nicht ein himmlisches Merkmal, sondern eine irdische Zugabe; sie betrifft auch nicht das Wesen der Festrechnung, sondern ist nützliche Redundanz, eine Prüfzahl gegen die unvermeidliche Imperfektion des Menschen. Die drei Zahlen heissen Sonnenzyklus, Goldene Zahl und Römerzinszahl. Die Zykluslängen sind 28, 19 und 15 Jahre. 28 ergibt sich aus der Woche (der Neujahrstag kann auf sieben Wochentage fallen) und dem Schaltjahrzyklus von vier Jahren. 19 Jahre sind die Zeit, nach der die Mondphasen wieder (besser gesagt: fast wieder) auf den gleichen Tag des Jahres fallen.

Die Verknüpfung des Römischen Sonnenkalenders mit dem Babylonischen Mondkalender geht auf den Beschluss von Nikäa zurück, als Ostertermin den ersten Sonntag nach dem ersten Frühlingsvollmond festzulegen.

12 Mondmonate haben 354 d, also 11 d weniger als 365 d. In erster Näherung kommt der erste Frühlingsvollmond daher von Jahr zu Jahr um 11 d früher. Fiel er aber zu früh, wurde in der babylonischen Tradition (und damit auch im Jüdischen Kalender) ein Schaltmonat von 30 d eingefügt. Sieben solche Schaltmonate in 19 Jahren ergeben zusammen mit 4,75 Schalttagen um einen Tag mehr als die Julianische Länge von 19 Jahren. Daher wird am Ende der 19-Jahr-Periode ein Tag weggelassen (das nennt man Mondsprung). Der Computus ist nichts anderes als dieses Verfahren in Form eines Zähl-Algorithmus. Eine 19-Jahr-Periode hat 6939,75 d, vier haben 27759 d.

Babylonischer und Römischer Kalender

29	30	29	30	29	30	29	30	29	30	29	30	(30)
						354						11
31	30	31	30	31	31	30	31	30	31	31	28	(1)
						365						

Man erkennt hier die Regelmässigkeit der (29,30)-Folge im Babylonischen Kalender, der aber die Spanne von 11 Tagen gegenübersteht, die sich nur durch die Unregelmässigkeit der Schaltmonate von 30 d ausgleichen lässt. Der Römische Kalender hat eine (unnötig) unregelmässige Folge von Monatslängen, die auf den Bezug zum Mond verzichtet, dafür aber mit einem Schalttag alle vier Jahre auskommt. Das ergibt die chronologisch ausserordentlich handliche Blocklänge von 1461 d für vier Jahre (die Gregorianische Korrektur k wird sozusagen nachträglich berücksichtigt; gegenwärtig: k = 13).

Die folgende Tabelle gibt einen Einblick in die Epaktenrechnung und in das uralte Kalenderdenken, das Sonne und Mond verknüpft.

19-Jahr-Periode Epaktenverschiebung

Monat	J.-Länge	Summe	Sch	Diff	Ep	
I	354	354		11		11
II	354	708		11		22
III	384	1092	30	11	–30	3
IV	355	1447	1	11		14
V	354	1801		11		25
VI	384	2185	30	11	–30	6
VII	354	2539		11		17
VIII	355	2894	1	11		28
IX	384	3278	30	11	–30	9
X	354	3632		11		20
XI	384	4016	30	11	–30	1
XII	355	4371	1	11		12
XIII	354	4725		11		23
XIV	384	5109	30	11	–30	4
XV	354	5463		11		15
XVI	355	5848	1	11		26
XVII	384	6232	30	11	–30	7
XVIII	354	6585		11		18
XIX	383	6939	29	11	–29	0

Die römischen Zahlen geben die Position im 19-Jahres-Rhythmus wieder, das sind die Goldenen Zahlen. Es folgt die Jahreslänge in Tagen und ihre Aufsummierung, die mit 6939 bis auf 0,75 tatsächlich die Länge von 19 Julianischen Jahren ergibt. Dann enthält eine Spalte die Schalttage und die Schaltmonate. Der letzte Schaltmonat mit 29 statt 30 Tagen zeigt den Mondsprung, die Verkürzung, die den Kreis schliesst. Die letzte Spalte gibt eine Variante der Epakte, das ist das Alter des Mondes an einem bestimmten Tag; sie macht auch wieder das Fortschreiten um 11 sichtbar und zugleich den Sprung, den der Schaltmonat hervorruft.

Für weitere Einzelheiten, die sich nun häufen würden, verweise ich auf mein Buch, dessen 6. Auflage sich aufgrund einer Art Endzustand der Kalender-Erkenntnis, die ich nun gewonnen habe, von den früheren sehr merklich unterscheiden wird.

Julianisches Jahr und Julianisches Datum (JJ, JD, MJD)

Der erste systematische Chronologe war der italienische Renaissance-Gelehrte J. J. Scaliger (1540–1609), der in Frankreich arbeitete. Er sammelte und verglich Chroniken aller Völker und Zeiten. Er erfand ein Werkzeug von höchster Nützlichkeit, die Jahres- und Tageszählung ab dem 1 JAN 4713 vChr, die mit JJ bzw. JD bezeichnet werden.

Scaligers Jahreszählung hat um 4713 höhere Werte als unsere, also JJ = 1999+4713=6712. Er ging natürlich vom Computus aus: er definierte den Anfangspunkt seiner Zählung so, dass die Reste auf 28, 19 und 15 die korrekten Werte für Sonnenzirkel (SZ), Goldene Zahl (GZ) und Römerzinszahl (RZ) ergeben; heuer gilt <20,5,7>. – Für Mathematiker sei hier angemerkt, dass es sich um ein Restklassen-System mit dem Bereich 28x19x15 handelt.

Die Tageszählung beginnt mit 0 (Mo 1 JAN 4713 vChr) und bietet den Übergang vom Kalender auf die physikalisch-astronomische Zeitskala. Der heutige Tag (das Datum des Vortrags), der 19 MAI 1999, hat JD 2451318. Der Rest auf die Division durch 7 ist 2. Da Montag den Rest 0 geben muss, bedeutet 2 Mittwoch, was natürlich stimmt. Im Geophysikalischen Jahr 1954 hat man eine Vereinfachung beschlossen, die das Datum auf 5 Dezimalen reduziert: das «Modified Julian Date» (MJD). MJD=JD–2400001, was für heute 19 MAI 1999 MJD 51317 ergibt. Das MJD wird z. B. in der Raumfahrt und für Zeitzeichen-Korrektur-Tabellen verwendet.

Dazu nun eine kleine Zusammenfassung:

J	Jahr nChr
JJ	Julianisches Jahr (Scaliger)
EP	Epakte, Alter des Mondes an einem bestimmten Tag

SB	Sonntagsbuchstabe: bezeichnet man alle Tage des Jahres vom 1 JAN an zyklisch mit den Buchstaben A bis G, markiert der Sonntagsbuchstabe SB alle Sonntage.

Sonnenzyklus	28 Jahre, die Lage darin: SZ	(Sonnenzirkel)
Mondzyklus	19 Jahre, die Lage darin: GZ	(Goldene Zahl)
Steuerzyklus, Indiktion	15 Jahre, die Lage darin: RZ	(Römerzinszahl)
SZ = REST [(J + 9) / 28]	SZ = REST [JJ / 28]	
GZ = REST [(J + 9) / 19]	GZ = REST [JJ / 19]	
RZ = REST [(J + 9) / 15]	RZ = REST [JJ / 15]	

REST = ganzzahliger Rest der Division
k = Gregorianische Sonnenangleichung (ausgelassene Schalttage)
l = Gregorianische Mondverangleichung (Mondphasenverschiebung)

Der Beginn der christlichen Jahreszählung und die Lunationsordnung

Immer wieder kann man lesen, dass unsere Jahreszählung unrichtig sei. Der Abt Dionysius Exiguus hätte sich verrechnet, als er etwa im Jahre 532 unsere Zählung vorschlug. Obschon ein bisschen Wahrheit darin steckt, ist diese Behauptung doppelt falsch. Erstens konnte sich Dionysius nicht verrechnen, weil er den Anfangspunkt gar nicht berechnet hat. Er war mit der Verlängerung der Tafel der Ostertermine beschäftigt, die in Blöcken von 19 Jahren organisiert ist. Es war naheliegend, diese Blöcke in die Vergangenheit zurückverlängert zu betrachten. Dafür hat er natürlich gerechnet, aber er hat sich dabei nicht geirrt. Die ungefähre Lebenszeit Christi geht aus den Evangelien hervor, der Geburtstag ist und bleibt aber unbekannt. Dionysius schlug nun den zunächst liegenden Beginn eines Blockes, nach heutiger Ausdrucks- und Zählweise das Jahr 1 vChr, als Zählbeginn vor. Tatsächlich war nach den modernen astronomischen Tabellen am 25 MRZ (dem Tag der Inkarnation bzw. Empfängnis) im Jahr 1 vChr in Nazareth um 1500 Uhr Ortszeit ein Neulicht. Dieses Neulicht in einem Jahr mit der Goldenen Zahl 1 ist der Angelpunkt unserer Zeitrechnung.

Geht man von diesem 25 MRZ aus, dann folgt neun Monate später, am 25 DEZ 1 vChr, die Geburt Christi. In der Oktav dieses Tages (d.h. eine Woche später) ist der 1 JAN des Jahres, den Dionysius als Anfangspunkt vorschlug (siehe unten bei den Zeitmeilensteinen). Diese Überlegung setzte sich nur allmählich durch, aber die entsprechende Zählung ist heute weltweit eingeführt.

Abbildung 1

10 000 Jahre Zeit und Kalender
5000 vChr bis 5001 nChr
Alle Daten Julianisch

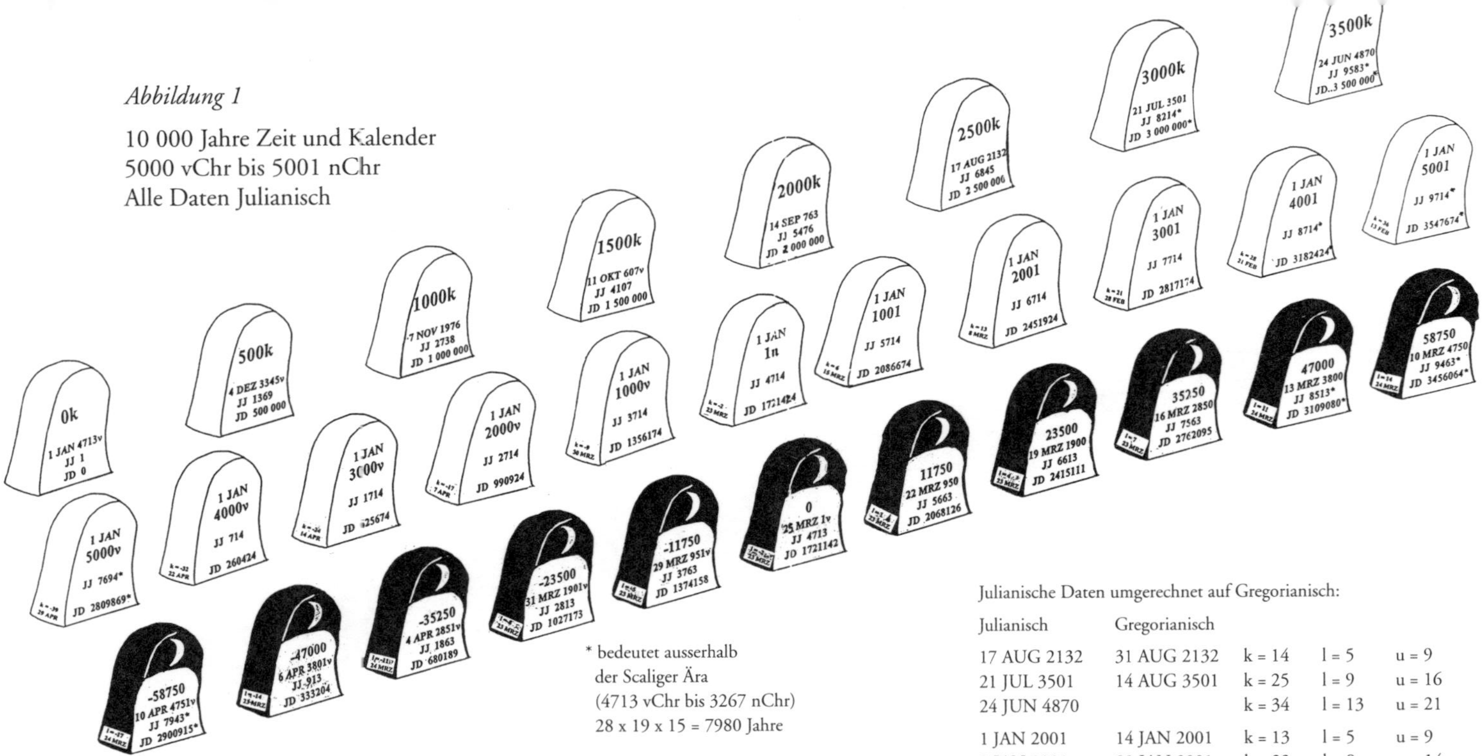

* bedeutet ausserhalb
der Scaliger Ära
(4713 vChr bis 3267 nChr)
28 x 19 x 15 = 7980 Jahre

Tagesmeilensteine
Jahrtausendmeilensteine
Lunationsmeilensteine

Abstände	5000 000 Tage	etwa 1369 Jahre
	365 250 Tage	gleich 1000 Jahre
11750 Lunationen	346 984,4325 Tage	etwa 950 Jahre

Julianische Daten umgerechnet auf Gregorianisch:

Julianisch	Gregorianisch			
17 AUG 2132	31 AUG 2132	k = 14	l = 5	u = 9
21 JUL 3501	14 AUG 3501	k = 25	l = 9	u = 16
24 JUN 4870		k = 34	l = 13	u = 21
1 JAN 2001	14 JAN 2001	k = 13	l = 5	u = 9
1 JAN 3001	22 JAN 3001	k = 22	l = 8	u = 14
1 JAN 4001	29 JAN 4001	k = 29	l = 11	u = 18
1 JAN 5001	5 FEB 5001	k = 36	l = 14	u = 22
19 MRZ 1900	1 APR 1900	k = 13	l = 4	u = 9
16 MRZ 2850	4 APR 2850	k = 19	l = 7	u = 12
13 MRZ 3800	9 APR 3800	k = 27	l = 10	u = 17
10 MRZ 4750	14 APR 4750	k = 34	l = 13	u = 21

Es ist nun ebenfalls naheliegend, von diesem unsere Jahreszählung bestimmenden Neulicht ausgehend die Neulichter zu numerieren, so dass gilt

$$LN = 1721\,241{,}5 \pm n.29{,}53059$$

Mit den für den Mond charakteristischen Schwankungen, im Mittel aber genau, liegen die Neulichter an diesen Punkten. Für LN 24726 ergibt diese Formel 2451315,8, das ist der 16 MAI, und tatsächlich war der letzte Neumond am 15 MAI 1999.

Der chronologische Nutzen der LN-Rechnung ist gross. Erstens kommt man, wie man an diesem Beispiel sieht, sehr schnell auf die Daten der Neulichter – der Vollmond folgt 13 d später –, und zweitens erlaubt die LN-Skala eine rasche Überprüfung der Mondverhältnisse, insbesondere auch der Finsternisangaben, womit man sich häufig eine weit höhere Datierungssicherheit verschaffen kann. Aus diesem Aspekt heraus wundere ich mich, dass Historiker dieses Hilfsmittel nicht allgemein verwenden.

Zeitmeilensteine

Der Ingenieur ist gewohnt, Zeiten auf Längen abzubilden, und jeder Zeitungsleser kennt Diagramme, auf denen die Zeit von links nach rechts verläuft. Für die Chronologie sind derartige Diagramme sehr nützlich. Die Reihe von Zeitmeilensteinen, deren verschiedene Abstände unterschiedlichen Zwecken entsprechen und die Markierungen liefern, sollen den Umgang mit der Zeit veranschaulichen.

In der folgenden Darstellung werden drei Sorten unterschieden:

- Meilensteine am 1 JAN bevorzugter Jahre, z. B. am Beginn der Jahrtausende. Elf solche Steine markieren die gesamte mit dem Kalender verbundene Geschichte von 5000 vChr bis 5000 nChr.
- Das Julianische Datum legt es nahe, Meilensteine auf runde Werte von JD zu legen. Auf ungefähr dieselbe Zahl von Steinen kommt man, wenn man alle 500000 d einen setzt.
- Schliesslich kann man auch die Neulicht-Tage durch Meilensteine markieren, man wird jedoch dazu auch wieder runde Vielfache nehmen. Statt der 1000 Jahre Abstand wählt man 950, das sind 11750 LN.

Der Nutzen derartiger Zeitskalen ist sicherlich einsichtig. In diesen Skalen bewegt sich die Chronologie, der Vergleich der Kalender.

Noch einmal möchte ich die Wichtigkeit des Mondes betonen. Finsternisse, die ja nur bei Neumond und Vollmond eintreten können, sind zur Feinregelung der historischen Zeitordnung geeignet, denn sie fallen auf und werden vermerkt.

Wer sich damit vertraut macht und den Umgang mit dem JD beherrscht, erhält im Umgang mit Kalendern die höchstmögliche Sicherheit. Mithilfe eines Taschencomputers mit Datumsrechnung vermag man dann durch die Jahrhunderte zu reisen wie mit einem Motorrad. Die Verwendung des Julianischen Datums gestattet beliebige Präzision, so weit sie aufgrund der Quellen, die nicht immer präzise sind, überhaupt möglich ist. Die Ergänzung von Datierungen durch das Julianische Datum sollte deshalb den Historikern zur elementaren Gewohnheit werden.

Zu einigen Kalendern aus anderen Kulturen folgen nun einige knappe Stichwörter:

- Ägyptisch: konstante Jahre zu 365 Tagen, die in 1460 Julianischen Jahren (Sothisperiode) einmal durch die Jahreszeiten wandern; von antiken Historikern verwendet, mitunter auch mit dem Julianischen Kalender vermischt.
- Alexandrinisch: der Ägyptische Kalender mit dem Julianischen Schalttag; erst seit Kaiser Augustus (zu seinen Ehren).
- Babylonisch: Lunisolarkalender mit Monaten zu 29 und 30 Tagen, 30-Tage-Schaltmonate.
- Jüdisch: aus der Babylonischen Gefangenschaft mitgebracht und aus rituellen Gründen verfeinert.
- Chinesisch: dem babylonischen ähnlich, aber dem Mond noch enger angepasst (genauer, weniger Ordnung).
- Mohammedanisch: reiner Mondkalender, 354 oder 355 d pro Jahr, wandert in etwa 30 Jahren durch die Jahreszeiten, setzt mit der Hedschra an (Flucht Mohammeds nach Medina am 16 JUL 622).
- Französische Revolution: künstliche Konstruktion, setzt mit 23 SEPT 1792 ein; ägyptisches Jahr mit Schalttagen (Monat zu 30 Tagen) und Zehntagewochen; 1805 durch Napoleon abgeschafft.
- Faschismus: nur Jahreszählung ab 28 OKT 1922, kaum verwendet.
- Mittelamerika (Maya u. a.): Ägyptisches Jahr (Haab) zu 365 d, 12x30+5 d; ‹Superwoche› (Tzolkin) zu 260 d, 13x20 d; die beiden Zyklen haben gegeneinander verschobene Anfangspunkte; die Datums-

angaben wiederholen sich aber alle 52 Haabs. Davon unabhängig der sog. LONG COUNT, wie JD auf der Fortzählung der Tage beruhend (es gilt LC = JD + 584283).

Weitere Einzelheiten muss ich mir versagen; stattdessen wollen wir noch kurz auf das aktuelle Problem eingehen, das die Computer-Programmierer zum kommenden Jahreswechsel hervorgebracht haben.

Y2k

In unserer abkürzungsüberladenen Zeit werden sogar Dummheiten unter Abkürzungen abgehandelt. Eine davon ist das Datierungsproblem mit dem Wechsel von 99 auf 00, das die Programmierer mit ihrer Verkürzung der Jahresangabe von vier auf zwei Dezimalen verschuldet haben. In der Abkürzung Y2k steht Y für das englische ‹Year› und 2k für 2000. Haben Sie es gemerkt? Eine Kalamität, die durch die Abkürzung von 2000 entstanden ist, wird unter einer Abkürzung für 2000 diskutiert: ein doppelter Unfug der Programmierer, eng verknüpft mit ihrem mangelnden Kalenderwissen.

Wären sie nämlich mit dem Modifizierten Julianischen Datum MJD vertraut gewesen, hätten sie nicht nur die Eindeutigkeit bis ins 22. Jahrhundert erreicht, sondern auch noch eine Dezimale mehr erspart (51317 statt 19.05.99). Der zweite Unfug besteht darin, dass die Kalenderrechnung in die Programme eingestreut wurde, anstatt sie aus ihnen herauszuhalten. Dann hätte man alle kritischen Stellen mit grösster Sicherheit in der Hand gehabt. Ungenügendes Kalenderwissen schafft eben Probleme – nicht nur für Programmierer.

Zahlen haben den Menschen fasziniert, seit es Zahlen gibt. Man schreibt ihnen Eigenschaften zu, die sie gar nicht haben können, etwa Glückszahlen und Unglückszahlen. Das ist nicht der Beruf der Zahl und auch nicht ihre Freizeitbeschäftigung, aber menschlich verständlich. 2000 ist eine runde Zahl – ist sie nicht feiernswert? In der Nacht zum Beginn des Jahres 2000 wechselt das Datum alle vier Stellen, von 1999 auf 2000, ebenso von 31 auf 1 und von 12 auf 1. Das kommt nur alle tausend Jahre vor. Der offensichtliche Wechsel reizt das Gemüt weit eindringlicher als das Nachzählergebnis, das jedermann mit Leichtigkeit produzieren kann, dass nämlich erst das ganze Jahr 2000 den Tausender voll macht. Man wird also das Falsche feiern: aber warum nicht? Freuen wir uns, das die Menschen etwas feiern können.

Das Jahr 2000 hat nichts damit zu tun, dass es kein Jahr 0 gibt. Das ist weder ein Fehler noch eine Schwierigkeit. Abgesehen davon, dass zu der

Zeit, als die Jahreszählung eingeführt wurde, die Null noch nicht als Zahl galt und zudem kaum bekannt war, beginnt niemand mit 0 zu zählen, denn dann hätte das fünfte Objekt die Nummer 4. Jeder von ihnen wäre irritiert, wenn er für eine Veranstaltung den Sitzplatz 0 in der Reihe 0 bekäme – ausser er wüsste, dass der Zuschauerraum so verrückt numeriert ist. Das fehlende Jahr macht sich nur bemerkbar, wenn man über die Wende hinweg addiert oder subtrahiert. Daher war es ein Unfug der Astronomen, das Jahr 0 und negative Jahre einzuführen, die sich von den herkömmlichen Jahreszahlen um 1 unterscheiden. Dadurch werden nur die geschichtlichen Jahresdaten unsicher, und welcher Astronom addiert oder subtrahiert Jahreszahlen? Die astronomischen Grössen haben kaum ganzzahlige Jahreswerte. Der Astronom muss in Tagen rechnen, nicht in Jahren, wie es al Chorezmi schon empfohlen hat.

Apokalypse oder Goldenes Zeitalter?

Was Apokalypse und Goldenes Zeitalter anbelangt, möchte ich zuerst bemerken, dass man sich nicht selbst überschätzen soll, nicht als individuelle Person und nicht als Gemeinschaft. Wenn es sehr gut geht, macht das noch lange kein Goldenes Zeitalter aus, und wenn es sehr schlecht geht, bedeutet das noch nicht den Weltuntergang, von dem die Schrift ausdrücklich sagt, dass nur Gott sein Datum kennt. Doch es gibt noch einen anderen Aspekt dieser und anderer Stellen in den Evangelien. Millionen Menschen sterben und haben den Weltuntergang nicht erlebt. Haben sie keinen Bezug zur Apokalypse? Wenn diese Stellen mehr sind als die Antwort auf eine neugierige Frage der Jünger, dann haben sie einen Bezug zum Leben jedes Einzelnen. Und ist es nicht wahr, dass jeder von uns schon Sterne vom Himmel fallen sah? Menschen, die wie Sterne über den anderen standen, verloren sich im Nichts. Es gibt im Leben immer wieder Situationen, die uns wie der Weltuntergang vorkommen. Die Religion ist nicht für wissenschaftliche Auskünfte oder chronologische Informationen zuständig, sondern versucht, Wegweiserin und Trösterin zu sein. Man muss so leben lernen, dass man mit dem ständigen Weltuntergang zurecht kommt. Dabei hilft sie – wenn man es richtig anfängt.

Die Menschheit verlässt sich in unserer Zeit zu sehr auf die Naturgesetze, deren Geltungsbereich zudem überschätzt wird. Selbst ein so klarer und trivialer Zusammenhang wie das Ohmsche Gesetz für den elektrischen Strom im Leiter gilt nur im normalen Erfahrungsbereich. Wer es bei

10^{20} oder 10^{-20} Ampere anwendet, wird sehen, dass es da nicht gilt. Auch unsere ethischen, moralischen, sozialen und politischen Vorstellungen gehen von eher naturgesetzartigen Mechanismen aus, ohne dass der Beachtung des Geltungsbereichs allzu viel Sorgfalt geschenkt wird.

Wir erleben in Mittel-, Süd- und Westeuropa einen relativen materiellen Wohlstand, mit Unterschieden, sind aber nicht imstande, dem Balkan gleichziehen zu helfen; auf anderen Kontinenten sind die Differenzen noch grösser. Apokalypse oder Goldenes Zeitalter? Es kommt darauf an, wie wir es sehen und was wir daraus machen.

Literaturhinweise:

Grotefend, Hermann: Taschenbuch der Zeitrechnung des deutschen Mittelalters und der Neuzeit, 12. Aufl. Hannover 1982.

Zemanek, Heinz: Kalender und Chronologie. Bekanntes und Unbekanntes aus der Kalenderwissenschaft, 5. Aufl. München (vergriffen), 6. Aufl. in Vorbereitung.

Hans Weder

Apokalyptische Zeitstimmung und die Verflüchtigung der Zeit

Wahrscheinlich kennen die meisten Zeitgenossen den Begriff «Apokalyptik» nicht aus ihren biblischen oder gar theologischen Studien. Das Wort ist in unsere Alltagssprache eingegangen. Dabei ist das Apokalyptische alles andere als alltäglich. Sogar Spielfilme führen es im Titel: «Apokalypse Now». Dabei ist das Apokalyptische alles andere als unterhaltend. In aller Munde ist das Jahr-2000-Problem, das uns die Computer bescherten und das nach der Meinung einiger Sachverständiger mittlere Katastrophen auslösen könnte. Schon die letzte Jahrtausendwende war geprägt von apokalyptischer Stimmung. Übergänge überhaupt sind gefährlich, ein Jahrtausendübergang erst recht. An Übergängen steht uns die Zerbrechlichkeit des Lebens vor Augen. Die apokalyptische Zeitstimmung der Gegenwart ist geprägt durch die Angst vor einer Katastrophe apokalyptischen Ausmasses.

Bei vielen Wörtern, die wir auf fast selbstverständliche Weise verwenden, ist es interessant, ihrer Geschichte etwas nachzugehen. So soll im folgenden etwas zur Entstehung des apokalyptischen Denkens im Schosse des frühen Judentums und des Urchristentums gesagt werden.[1] Im Vordergrund stehen die beiden Themenbereiche: (1) Wie kam es zu der Stimmung oder Weltsicht, die wir Apokalyptik nennen? (2) Welches sind die Hauptmerkmale des apokalyptischen Denkens? Diese Merkmale werden am Beispiel der Johannesapokalypse beschrieben und dabei soll zudem gefragt werden, wie sich Jesus und das Urchristentum zum Apokalyptischen verhielten. Das Ganze ist begleitet von den aktuellen Fragen: Gibt es Vergleichbares heute? Wo liegen die Unterschiede?

Zwei Vorbemerkungen seien hier erlaubt. Zunächst eine Bemerkung zur Wortbedeutung von «Apokalyptik». Unsere Sprache kennt das Wort, weil es in der Überschrift der Johannesoffenbarung steht: «Dies ist die Offenbarung (griechisch: αποκαλυψις Jesu Christi, die ihm Gott gegeben hat, seinen Knechten zu zeigen, was in Kürze geschehen muss. Und er tat sie seinem Knecht Johannes kund, indem er (sie) durch seinen Engel sandte» (Offb 1,1).[2] Hier wird der Begriff Apokalypse zum ersten Mal für ein Buch verwendet, das auf charakteristische Weise von bald eintretenden, weltumstürzenden Ereignissen spricht. In der Folge wurde das Wort Apokalypse dann für ähnliche christliche und jüdische Bücher gebraucht. Im Griechischen bedeutet ἀποκαλύπτειν «enthüllen, die Decke wegnehmen von einer Sache, offenbaren» und ἀποκάλυψις «Enthüllung, Offenbarung». Das Wort Apokalypse meint Enthüllung, Offenbarung in zweifachem Sinne: (1) es bezeichnet Enthüllungen eines Sehers – in unserem Falle diejenigen des Johannes – über die unmittelbar bevorstehende Zukunft, einer Zukunft mit katastrophalen Umwälzungen; (2) es bezeichnet das unverhüllte Hervortreten der göttlichen Macht (in unserem Falle der Macht Christi) in dieser ganz neuen Zukunft.

Wir sehen sofort, dass unser Sprachgebrauch teilweise mit der ursprünglichen Wortbedeutung übereinstimmt.[3] Wenn wir von apokalyptischen Zuständen sprechen, dann meinen wir eine katastrophale Zukunft. Eine solche Zukunft sagt auch die Apokalyptik in ihrer ursprünglichen Ausprägung voraus. In einem katastrophalen Zusammenbruch gerät die ganze Welt aus ihren Fugen, fallen Weltreiche in sich zusammen, fallen sogar die Gestirne vom Himmel. Soweit die Übereinstimmung. Doch auch der Abstand springt in die Augen: die frühjüdischen und urchristlichen Apokalyptiker waren davon überzeugt, dass sich jenseits der kommenden Katastrophen die Herrschaft Gottes enthüllen werde, die die Welt wieder in die gute Schöpfung zurückverwandeln wird. Die Apokalyptiker wissen, dass die Menschen in der kommenden Katastrophe nicht nur ihrer eigenen Zerstörungsmacht begegnen werden, sondern auch der göttlichen Gerechtigkeit, einem endgültigen, reinigenden Gericht, auf das die neue Welt folgen wird. Da scheint ein grosser Unterschied zu liegen: Heute können viele nicht auf den endgültig kommenden Gott hoffen, statt dessen müssen sie fürchten, mit ihrer eigenen Zerstörungsmacht endgültig konfrontiert zu werden. Nach dieser Vorstellung offenbart sich nicht die Gottheit als endgültige Lebensmacht, sondern die Zerstörungsmacht der Menschheit steht am Ende unverhüllt da.

Nun ein Wort zum Ursprung apokalyptischer Zeitstimmungen. Sicher liesse sich manches dazu sagen. Bekannt ist in diesem Zusammenhang etwa die Jahrtausendwende, eine Zeit, die rein aus Gründen des Dezimalsystems etwas ganz Besonderes wurde und dann zu apokalyptischen Phantasien Anlass gab. Solche Wenden erinnerten an die Zerbrechlichkeit des Lebens. Heute ist es wohl eher die Angst, die apokalyptische Stimmung entstehen lässt. Apokalyptische Szenarien, wie sie heute entworfen werden, gründen nicht zuletzt in einer Zukunftsangst, die viele Menschen zu erfassen scheint. Hier begegnen wir meines Erachtens einem widersprüchlichen Moment: Noch nie in der Geschichte der Menschheit konnten so viele Individuen so lange und relativ so komfortabel leben wie heute. Noch nie mussten Menschen so wenig leiden wie heute. Und dennoch greift die apokalyptische Zeitstimmung immer mehr um sich. Wie passen diese beiden Momente zusammen? Wie dem auch sei, die ursprüngliche Apokalyptik entstand im nachexilischen Judentum, im Judentum also, das nach der babylonischen Gefangenschaft im 5.Jh.v. Chr. wieder ins Land der Väter zurückkehrte. Wir werfen jetzt einen Blick auf die Entstehungsbedingungen.

Zum historischen Ursprung der Apokalyptik

Die Frage nach den Bedingungsfaktoren der Apokalyptik ist bis heute nicht hinreichend geklärt. Vieles wird erwogen. Im folgenden werden zwei Faktoren herausgegriffen, die mit grösster Wahrscheinlichkeit eine wichtige Rolle gespielt haben.[4]

Der Glanz des Verheissenen und die Armseligkeit der Erfüllung

Im Jahre 587 v.Chr. wurde Jerusalem durch den neubabylonischen König Nebukadnezar II. erobert, der Tempel wurde zerstört, die führende Oberschicht ins Exil weggeführt.[5] Das war, nachdem bereits im 8. Jh.v.Chr. das Nordreich Israel untergegangen war, das Ende des Südreiches Juda. Wenn ein Staat unterging, gingen gewöhnlich auch die Nationalgötter unter. Nicht so in Israel. Die Katastrophe von 587 v.Chr. wurde nicht zum Untergang des Gottes Abrahams, Isaaks und Jakobs. Nein, es traten schon bald Propheten auf, welche das Exil nicht als Versagen des Nationalgottes, sondern als Gericht über das Volk deuteten. Und auch im babylonischen Exil – «at the rivers of Babylon» (vgl. Ps 137) – wurden die Weggeführten von Propheten begleitet, der sogenannte Zweite Jesaja war ein solcher (Jes 40–55). Die politische Grosswetterlage änderte sich im weiteren Verlauf der Geschichte, das neubabylonische Reich zerfiel, schliesslich kamen die Perser an die Macht. Unter den Weggeführten keimte neue Hoffnung auf Rückkehr ins gelobte Land auf. Der Zweite Jesaja sprach in hohen Tönen von der kommenden Rückkehr, in etwa: Trost dem Volk! Die Schuld ist jetzt bezahlt. Die Erhabenheit Gottes wird offenbar werden, wenn er sein Volk unter Jubel zurückführt, noch einmal durch die Wüste, wie einst, und wieder ins gelobte Land, wie damals. So tauchte der Prophet die versprochene Rückkehr in endzeitliches Licht; sie wurde zum glanzvollen Versprechen neuer göttlicher Führung.

Und in der Tat, Kyros II. – der Perserkönig – erlaubte die Rückkehr der Exilierten, erlaubte auch, dass der Kult in Jerusalem wieder eingerichtet wurde. Doch die Wirklichkeit der Rückkehr wirkte schal angesichts des glanzvollen Bildes, das der Prophet entworfen hatte. Der Kontrast zwischen Bild und Realität wurde unerträglich. Was jetzt geschah, konnte nicht die Erfüllung der Hoffnungen sein. Und allmählich entstand das Bewusstsein, dass in der alltäglichen Geschichte gar kein Platz war für die Erfüllung. Langsam wuchs der Glaube, die alltägliche Geschichte müsse erst zu Ende gehen, um einer neuen, glanzvollen Geschichte Gottes mit seinem Volk Platz zu machen. Damit war die Apokalyptik geboren. Sie war geboren aus dem Kontrast zwischen dem grossen Versprechen des Propheten und der schalen «Erfüllung». Das Gemenge des Weltgeschehens vermochte Gottes glanzvolle Führung nicht mehr anschaulich zu machen. Dies würde erst einer neuen, ganz anderen Geschichte vorbehalten sein.

Die Krise der Gotteserfahrung

Der jetzt zu besprechende zweite Faktor bei der Entstehung der Apokalyptik hat weniger mit den gesellschaftlichen Verhältnissen als mit dem Leben des Einzelnen zu tun. In Israel hatte es seit alters den weisheitlichen Glauben, die Erkenntnis Gottes aus den Regelmässigkeiten der Erfahrungswelt gegeben. Wer andern eine Grube gräbt, fällt selbst hinein. Ein solcher Satz formuliert eine Erfahrungwelt, in der es gerecht zugeht, weil sie von einem gerechten Gott erschaffen worden ist. Und die gerechte Weltordnung verdichtete sich in den Geboten der Mosebücher, im jüdischen Gesetz. Tue das Gesetz, so wirst du leben! So sagt es das Gesetz selbst. Wer sich an die Gebote hält, dessen Leben wird gelingen. Die Weltordnung ist gerecht, und gut lebt, wer sich ihr einordnet.[6]

Doch auch dieser Glaube an die gerechte Weltordnung geriet in eine Krise. Es war eben gar nicht so, dass in die Grube fiel, wer andern eine Grube grub. Im Gegenteil, oft war solche Hinterlist von Erfolg gekrönt, und es war eben auch nicht so, dass ein gelungenes Leben führte, wer sich an das Gesetz hielt. Im Gegenteil, das Gesetz behinderte die Entfaltung des Lebens, den ungenierten Griff nach Dingen und Menschen. Mancher stahl und log, und nichts deutete darauf hin, dass sein Leben misslang.

Diese Krise des Glaubens an die gerechte Weltordnung provozierte verschiedene Lösungen. Da gab es zum Beispiel die *gesetzliche Lösung*: Tue das Gesetz, weil es geboten ist, nicht weil dein Leben gelingen soll. Oder die *skeptische Lösung:* das Leben ist sowieso ein sinnloses Kreisen, das von niemandem durchschaut werden kann, und deshalb hat es gar keinen Sinn, Gott in der Erfahrung erkennen zu wollen. Schliesslich gab es in diesem Zusammenhang die *apokalyptische Lösung:* die Ordnung der *gegenwärtigen* Welt mag ungerecht sein, die der kommenden Welt wird gerecht sein. *Jetzt* mag sich das Tun des Gesetzes nicht lohnen, aber in der neuen, in der kommenden Welt kann der Gerechte seines Lohnes gewiss sein. Es mag sein, dass nicht in diesem Leben in die Grube fällt, wer andern eine Grube gräbt, um so gewisser wird er oder sie in der kommenden Welt die Strafe erhalten. Damit war die Apokalyptik wiederum geboren. Sie war geboren aus dem Versuch, angesichts der ungerechten Ordnung der Welt an der Gerechtigkeit des Schöpfers festzuhalten. Das ist eine problematische Lösung, wir wissen es, aber sie hat immerhin den Vorteil, dass menschliches Verhalten nicht mehr allein danach beurteilt werden muss, ob es sich in der Welt auszahlt.

Fazit

Es gäbe weitere Bedingungsfaktoren der Entstehung der Apokalyptik zu nennen. Doch die genannten gehören sicher zu den Wichtigsten. Und sie zeigen: das apokalyptische Denken entstand, weil Menschen das Wahre in der Lebenserfahrung suchten, weil sie die göttliche Führung in der tatsächlichen Geschichte erkennen wollten. Dieses Denken entstand, weil man Gott in der Nähe des menschlichen Lebens suchte. Wer die Welt als sinnloses Schattenspiel und das Leben als eitlen Tand betrachtet, wer das Göttliche von vornherein in einem Jenseits sucht, das mit dieser Welt und diesem Leben überhaupt nichts zu tun hat, ist von den genannten Krisen und Enttäuschungen verschont. Er kann ohne Apokalyptik gut auskommen.

Merkmale des apokalyptischen Denkens

Im folgenden werden ein paar Charakteristika des Apokalyptischen zusammengestellt, auch mit der Absicht, etwas von der Lebensauffassung dieser Menschen vorzuführen. Zugleich wird die Johannesapokalypse herangezogen, um deren Gemeinsamkeiten und Unterschiede im Vergleich zur sonstigen apokalyptischen Literatur aufzuzeigen. Zudem wird jeweils bei jedem Charakteristikum ein Blick auf Jesus und das Urchristentum geworfen werden, die beide ein kritisches Verhältnis zum apokalyptischen Denken hatten.[7] Der Blick auf Jesus und das Urchristentum führt uns da und dort vielleicht zu Fragen, die auf unsere eigene Deutung des Lebens hinzielen, darauf, wie wir selbst mit der apokalyptischen Zeitstimmung der Gegenwart umgehen können, ohne uns ums Leben zu bringen.

Pseudonymität der apokalyptischen Bücher

Die Offenbarungen über die Endzeit sind uns in der Gestalt von apokalyptischen Büchern erhalten. Die Johannesapokalypse ist dabei das einzige Beispiel im christlichen Kanon; die meisten Apokalypsen stammen aus frühjüdischer Zeit. Ein wichtiges Merkmal dieser Bücher ist, dass sie unter einem *Pseudonym* verfasst sind. Der fiktive Verfasser ist eine grosse Autorität, meistens aus der Urzeit (Henoch, Adam, Esra, Baruch). Die Pseudonymität ist nicht etwa ein Betrug, sondern sie zeigt an, dass der Apokalyptiker nicht im eigenen Namen sprechen will. Was er zu sagen hat, hat man seit Urzeiten gewusst, ist uralte Wahrheit. In diesem Punkt unterscheidet sich die Johannesapokalypse stark von den übrigen Apokalypsen. Ihr Verfasser gibt sich selbst zu erkennen als ein Johannes, der in der Gegenwart lebt und auf der Insel Patmos bestimmte Visionen gehabt habe. Dass hier nicht eine Autorität der Urzeit spricht, hängt wohl damit zusammen, dass die Christuszeit, also die Gegenwart, für die Christen zur schlechthin entscheidenden Zeit geworden ist.

Die Weissagungen der Johannesapokalypse sind oft in beinahe unverständliche Bilder gekleidet, zu deren Verständnis man einen Auflösungsschlüssel kennen muss. Als kleines Beispiel sei Offenbarung 18,2 genannt:

«Gefallen, gefallen ist die grosse Stadt Babylon»; die Eingeweihten wussten alle, dass damit Rom gemeint war. Weitere und rätselhaftere Bilder würden wir in den Kapiteln 4 bis 15 der Apokalypse finden. Die Mehrdeutigkeit dieser Bilder ist es übrigens, die es immer wieder erlaubt, alte Apokalypsen als Weissagung für die Gegenwart zu lesen.[8] Bilder sind es, weil der Seher seine Wahrheiten durch Visionen erhält, Visionen, die ihm oft noch von einem Engel erklärt werden müssen (was in der Johannesoffenbarung eher selten vorkommt). Bereits an diesem Merkmal zeigt sich, wie weit Gott im apokalyptischen Denken in die Ferne gerückt ist. Aus der Erfahrung ist er nicht mehr zu erkennen, man muss himmlische Visionen haben, um etwas über ihn zu erfahren. Und nicht einmal diese Offenbarungen sind verständlich, wenn sie nicht von einem Engel erklärt werden. Die Apokalyptik ist ein Versuch, mit der Erfahrung der jetzigen Gottferne fertig zu werden. Vielleicht ist die gegenwärtige Zeitstimmung auch ein Zeichen der Gottferne; im Unterschied zur Apokalyptik aber ist wohl für manche das Warten auf Gott ein leeres Schauspiel. Die chiffrierte Bildersprache hat freilich noch eine andere Funktion: sie schützt die Verfasser davor, den Mächtigen, gegen die sie weissagen, in die Hände zu fallen. Man hat die apokalyptische Literatur nicht zu Unrecht mit der SAMISDAT-Literatur aus der ehemaligen Sowjetunion verglichen. Wer Babylon *sagte* und dabei Rom *meinte* (Offb 18,2), dem konnte Staatsverachtung nicht nachgewiesen werden.

Vorherbestimmter Lauf der Geschichte

Im Zusammenhang mit dem fiktiven Verfasser der Urzeit steht ein weiteres Merkmal der apokalyptischen Literatur: die in ihnen vorgenommenen *Überblicke über die Geschichte*. Die Apokalyptik geht davon aus, dass die ganze Geschichte seit Anbeginn der Welt vorausbestimmt ist. Darum wird ein Verfasser aus ferner Vergangenheit angenommen, der weissagen kann, was für den effektiven Verfasser schon Vergangenheit ist. Man kann eine Apokalypse deshalb ziemlich gut datieren: man ermittelt, bis zu welchem Punkt die Zukunftsvoraussage stimmt. Zu diesem Zeitpunkt schreibt der effektive Verfasser. In der Johannesapokalypse beschränken sich die Geschichtsvorhersagen auf die unmittelbare Zukunft, während die Geschichte seit Beginn der Welt keine Rolle mehr spielt. Ein typisches Beispiel ist die Stelle 18,21: der vom Himmel bestimmte, durch einen Engel in einer Zeichenhandlung angekündigte Untergang Roms.

Dass der Lauf der Geschichte determiniert ist, ist für den Apokalyptiker ein Trost. Zwar wird das Jetzt als Zeit der Gottferne erfahren, aber es ist tröstlich zu wissen, dass der unheilvolle Lauf der Geschichte von eben diesem fernen Gott vorherbestimmt ist. Planmässig läuft die Geschichte auf ihren Wendepunkt zum Guten hin, und die Planmässigkeit garantiert, dass der Wendepunkt gewiss kommt. Das ist der Trost des Apokalyptikers. Die Planmässigkeit der Geschichte erlaubt es ferner, Berechnungen anzustellen über das Ende; der Abstand zur Wende kann berechnet werden.

Jesus selbst hatte zwar auch vom kommenden Reich Gottes gesprochen, von der kommenden Zeit der Wahrheit. Aber ihm war es viel mehr darum gegangen, dass diese kommende Zeit schon ins Jetzt herein ragt, in seiner Vergebung der Sünden zum Beispiel, in seiner Vertreibung böser Geister, in seiner Überwindung von Krankheit und Tod.[9] Deshalb finden sich bei Jesus keine Geschichtsüberblicke, kein Material, das es erlaubt, den Abstand zwischen dem Jetzt und der Gotteszeit zu berechnen. Denn wie klein dieser Abstand auch immer berechnet wird, es bleibt ein Abstand. Und Jesus wusste, dass Abstand nicht die angemessene Einstellung zur Gotteszeit ist. Wer im Abstand zur wahren Zeit lebt, kommt nicht zu wahrem Leben. Wer ständig auf den Höhepunkt des Lebens wartet, verpasst das Leben selbst.

Der Gedanke völliger Vorherbestimmtheit verbindet sich im apokalyptischen Denken mit einer charakteristischen Vorstellung von göttlicher Macht: es zeichnet die göttliche Macht aus, dass sie am Ende alle in die Knie zwingen wird. Keinen Widerspruch wird es mehr geben, alle Feinde Gottes werden zum Schweigen gebracht sein. Hier wird die göttliche Macht als absolute Gewalt gedacht, als eine Gewalt, die alles niederwalzt, was sich ihr in den Weg stellt. In Offenbarung 19,11 ff. erscheint ein Reiter auf einem weissen Pferd, sein Kleid ist rot vom Blut der Feinde, aus seinem Munde geht ein Schwert hervor, mit eisernem Stab wird er die Völker weiden. «König der Könige» und «Herr der Herren» wird er genannt. Dieser Reiter auf weissem Pferd symbolisiert die überwältigende Macht Gottes am Ende, die alle Feinde Gottes zum Verstummen bringt.

Jesus selbst hatte, wie wir wissen, nicht auf Gewalt, sondern auf die Ohnmacht gesetzt.[10] Er hatte seine Nachfolger angewiesen, die andere Wange hinzuhalten, wenn sie geschlagen würden. Er hatte ihnen aufgetragen, an aller Häuser Türen zu klopfen, um dort die Söhne und Töchter des Friedens zu suchen. Und er hatte Gott abgebildet in einem Vater, der seinen verärgerten Sohn zum Fest zurück bittet, statt ihn mit Gewalt in den

Festsaal zu holen. Jesus wusste offenbar, dass es auch Wahrheiten gibt, die es gar nicht vertragen, gewaltsam durchgesetzt zu werden. Man kann einen Menschen ins Gefängnis werfen, man kann ihn sogar aufhängen, niemand aber kann ihn mit Gewalt dazu zwingen, eigene Schuld einzugestehen. Vielleicht ist aber das Eingeständnis von Schuld näher bei der Wahrheit des Lebens als deren Bestrafung. Unverkennbar ist, dass das apokalyptische Denken etwas gefährlich Gewaltsames an sich hat. Es denkt sich Gott als überwältigenden Machthaber, der mit Gewalt alle in die Knie zwingt. Schon das ist gefährlich genug. Aber noch gefährlicher ist, wenn plötzlich weltliche Machthaber kommen, um den abwesenden gewaltigen Gott zu vertreten, und wenn Menschen das Amt jenes Reiters aus der Apokalypse zu übernehmen beanspruchen.

Radikaler Bruch der Zeiten

Ein weiteres Charakteristikum des apokalyptischen Denkens ist die Annahme, dass die jetzige Weltzeit ganz zu Ende gehen müsse, bevor die neue Zeit kommen werde. Dieses Ende stellt man sich als einen katastrophalen Zusammenbruch nicht nur der menschlichen, sondern auch der aussermenschlichen Welt vor. Der Zusammenbruch ist notwendig, weil die Welt gleichsam hoffnungslos verdorben ist. Ein Raum für wahres Leben kann sie nicht mehr werden; ein solcher Raum kann erst wieder entstehen, wenn diese verdorbene Welt ganz vernichtet sein wird. Von diesem Ende erzählt auch die Johannesapokalypse, und von der neuen Erde und dem neuen Himmel, die nach dem Zusammenbruch entstehen werden. In der übrigen apokalyptischen Literatur nicht belegt ist die Vorstellung, zwischen alter Welt und neuer Zeit gebe es ein tausendjähriges Reich des Friedens, in welchem das Böse keine Macht mehr habe (Offb 20,1–10).[11] Dieses Motiv des tausendjährigen Zwischenreichs hat in der Geschichte grosse Folgen gehabt. Immer wieder traten Leute auf, die es einzuleiten beanspruchten. Noch im zwanzigsten Jahrhundert trat bekanntlich einer auf, der vorspiegelte, das Erbe des tausendjährigen Messiasreiches anzutreten: schrecklich war das Erwachen, als es zu Ende war.

Wie kommt es, dass nach apokalyptischer Sicht die gegenwärtige Weltzeit so hoffnungslos verdorben ist? Die Apokalyptik hält auf diese Frage eine mythologische Antwort bereit. Adams Sünde, die Habgier und Respektlosigkeit des Urmenschen, hat dieses Verhängnis über die Welt gebracht. Solche mythologischen Antworten sind uns fremd. Aber haben sie uns nicht trotzdem manches zu sagen? Im Mythos vom Fall Adams wird doch daran erinnert, dass der Mensch als ein zwiespältiges Geschöpf aufgetreten ist. Dieses Geschöpf lebt nicht mehr in der Geborgenheit gesetzter Lebensbedingungen wie das Tier, sondern es hat die Freiheit, aus der Natur herauszutreten. Es lebt nicht mehr selbstverständlich eingeordnet in den Zusammenhang alles Geschaffenen, sondern es hat selbst schöpferische und insofern auch zerstörerische Möglichkeiten. Der Mensch ist kein Tier mehr, und noch ist er kein Engel, kein Wesen, das seine Freiheit im Einklang mit Gott und deshalb im Frieden mit der Welt gebraucht. Vielleicht beginnen erst wir, die wir heute leben, den alten Mythos vom Fall Adams in seiner Abgründigkeit zu verstehen; denn erst heute ist die durch Menschen vollzogene Zerstörung der Erde in die Reichweite des Möglichen gelangt. Die Apokalyptiker ersehnten das Ende der durch Adam verdorbenen Welt, auch wenn es eine Katastrophe sein würde, denn sie erwarteten jenseits der Vernichtung die neue Welt für den neuen Menschen. Das ist eine katastrophale Lösung. Gegenwärtig scheint eine andere Sehnsucht Platz zu greifen: die Sehnsucht, in den urtümlichen Zusammenhang des Geschaffenen zurückkehren zu können, in die Geborgenheit der Tiere und Pflanzen, um der Freiheit zu entkommen, die auch Zerstörung und Verstösse gegen das Leben mit sich bringt. Das ist eine paradiesische Lösung. Vielleicht gäbe es – etwa wenn man auf Jesus oder Paulus hören würde – einen dritten Weg: wir könnten unsere Freiheit kultivieren, wir könnten uns dem Schöpfer dieser Freiheit aussetzen, damit er uns verwandle in respektvolle Geschöpfe, statt dass wir respektlos die Schöpfung zerstören und ebenso respektlos uns selbst für die einzigen Retter der Welt halten. Die Religion, so wie Jesus sie sich vorstellte, wäre eben jene menschliche Berührung mit dem Heiligen, welches allein die menschliche Selbstzerstörungswut überwinden kann. Eine solche Religion plädiert für ein Leben, das nicht mehr im Paradies ist und dennoch nicht nach apokalyptischen Katastrophen Ausschau hält.

Die Endgültigkeit der Vergeltung

Grundlegend für die Apokalyptik ist der Vergeltungsgedanke. Nach dieser Vorstellung fällt das Fehlverhalten der jetzigen Zeit in der Zukunft auf den Täter oder die Täterin zurück. Denn am Wendepunkt zwischen der neuen und der alten Zeit steht das Gericht, und zwar ein Gericht, in dem es keine Gnade und keine Geduld gibt. Im Motiv des letzten Gerichts, in welchem mich nur *das* Gute retten kann, das ich getan habe, ist das Wissen aufbewahrt, dass es zwischen Tun und Ergehen einen Zusammenhang gibt.[12] Das Böse fällt auf die Menschen zurück. Nichts wird ihnen geschenkt. Es ist wichtig, diesen Zusammenhang zwischen Tun und Ergehen wahrzunehmen. Manchmal scheint es, wir hätten ihn aus dem Blick verloren und meinten, wir könnten uns alles leisten. Die Frage ist freilich, ob die Gnadenlosigkeit der Vergeltung dem Leben gerecht wird, oder ob es nicht so etwas wie eine Geduld des Schöpfers gibt, eine Art Vergebung, oder – in der Sprache der Informatik – eine gewisse Fehlertoleranz unserer Lebenswelt. Jesus hatte auf die Vergebung gesetzt.[13] Jesus hatte sich Gott kreativ vorgestellt, als einen Gott, der eben nicht bloss abrechnen und Böses destruieren, sondern das Böse auch von sich aus überwinden wird. Die Frage ist, ob das Leben nicht letztlich auf dieser Vergebung beruht.

Wie dem auch sei, in der Apokalyptik steht die gnadenlose Vergeltung im Zentrum; das Gericht hat die Aufgabe, die Verhältnisse endgültig zu bereinigen. Das geschieht dadurch, dass die Bösen und Ungerechten vernichtet werden. Im Motiv des endgültigen Gerichtes lebt die Vorstellung, es könne eine Gemeinschaft von Guten hergestellt werden durch die Vernichtung der Bösen. Auch hierin war Jesus anderer Meinung: die Gemeinschaft der Gerechten entstand für ihn durch die Suche nach den Sündern, nicht durch deren Vernichtung. Das wahre Gottesvolk sollte entstehen, indem alle von den Zäunen und Strassen hereingebeten würden. Der Gedanke, dass die Bösen durch Vergebung überwunden werden, war auch damals so ungewöhnlich, dass wir selbst im Neuen Testament erneut die Vorstellung von der gnadenlosen Vernichtung der Bösen antreffen, gerade in der Johannesoffenbarung. Nur wenige sind es, die der Wahrheit Gottes gerecht zu werden vermögen, nur wenige sind es, die ihr Leben in Gerechtigkeit führen, und deshalb sind es nur wenige, welche die kommende Katastrophe überstehen werden. So direkt betrachtet wähnen wir uns meilenweit von der Apokalyptik entfernt. Doch es mögen Fragen erlaubt sein. Wie weit sind unter uns elitäre Ideen verbreitet? Wieviele Gruppen und Kräfte stellen sich die Bereinigung der Verhältnisse noch immer so vor, dass die Unpassenden vernichtet werden?

Das Motiv des Gerichts bringt uns zum letzten charakteristischen Merkmal des apokalyptischen Denkens. Der Apokalyptiker weiss um das baldige katastrophale Ende der jetzigen Weltzeit. Jenseits der Katastrophe winkt die neue, wahre Zeit gelungenen Lebens. Am Wendepunkt steht das unerbittliche Gericht. Dadurch entsteht die Frage, wie man die jetzige, sowieso dem Untergang geweihte Zeit am besten übersteht, und zwar so, dass man im Gericht bestehen kann, um sich in die neue Zeit hinüberzuretten. Der Apokalyptiker antwortet auf diese Frage: Bleib dem Gesetz treu! Halte dich an das Gesetz, so wirst du die kommende Gerichtskatastrophe überleben. Deshalb läuft die ganze Ermahnung auf das gesetzesgemässe Verhalten hinaus. In diesem Punkt unterscheidet sich die Johannesapokalypse erheblich vom übrigen apokalyptischen Denken. Ihr geht es nicht mehr um die Gesetzesfrömmigkeit, ihr geht es um die Treue zu Christus, die hinüber rettet ins neue Leben.[14] Gewiss, es kann für jede Gesellschaft lebensrettend sein, wenn einige in ihr durch dick und dünn dem Christus und damit der Liebe die Treue halten, aber auch diese Treue kann zu einer blossen Überlebensstrategie degenerieren.

Wir sehen ohne weiteres auch die Problematik, die in einem solchen Entwurf liegt. Zunächst einmal: die Jetztzeit, die Zeit also, in der die Menschen tatsächlich leben, wird zur blossen Vorzeit des wahren Lebens. So ist das Jetzt bloss eine Art Warteraum der Zukunft: doch in Wartezimmern lebt man nicht, vielmehr vertreibt man sich die Zeit und wartet darauf, hinausgerufen zu werden. Der Apokalyptiker gleicht in seiner Lebensauffassung jenen Menschen, die ständig auf den Höhepunkt ihres Lebens warten, deren Leben aber vor lauter Warten eigentlich gar nie stattfindet. Der Apokalyptiker schwebt zwischen dem Hier, das er bloss überstehen will, und dem Dann, das er nicht erreicht hat. Er befindet sich in ständiger Auswanderung, in einer Art Exil. Lebt er überhaupt noch? Auch die Johannesapokalypse fordert zum Auszug aus der bösen Stadt Babylon auf (18,4 zum Beispiel). Jesus und das Urchristentum hatten demgegenüber mehr nach Lebensräumen gefragt, in denen man bleiben konnte, nach Räumen, in denen man jetzt leben konnte, ohne sich die Zukunft zu verspielen. Ganz deutlich antwortet das Johannesevangelium auf diese Frage: ein solcher Lebensraum sei die Liebe der Menschen untereinander.[15] Denn sie ist ganz dem Jetzt zugewandt und bereitet dennoch eine gute Zukunft vor. Hier entstand ein ganz anderes Verhältnis zur Zeit als das, welches in der Apokalyptik beobachtet werden kann. Jesus selbst ging es nicht um das Überleben, sondern darum, wie ich mich schon jetzt auf das kommende Gottesreich einstellen kann, wie ich jetzt eine Lebenseinstellung finde, die zur neuen Zeit Gottes passt.[16] Das wahre Leben findet auch für Jesus in der Gottesherrschaft statt, aber die Gottesherrschaft ragt – eben in der Liebe, der Heilung, der Vergebung – ins Jetzt herein.

Gewiss, das grosse Versprechen des künftigen wahren Lebens kann etwas Tröstliches an sich haben. Aber es ist auch abgründig, sich das wahre Leben immer bloss als künftiges vorzustellen. Dann wird die Lebensfrage von der Überlebensfrage verdrängt. Entscheidend ist dann nicht mehr die Frage, wie ich mein Leben im Jetzt und unter den Bedingungen jetziger Geschöpflichkeit gestalte, sondern entscheidend wird allein die Frage, wie ich das Jetzt überlebe. Es ist meines Erachtens gefährlich, wenn sich Überlebensfragen an die Stelle der Lebensfrage drängen, denn dann kann leicht um des Überlebens willen das Leben selbst verspielt werden. Um des Überlebens willen kann von den Menschen alles verlangt werden. Sie fragen nicht mehr, ob das Verlangte sie ihrem Leben näher bringt, denn es wird ihnen gesagt, es gehe nur noch um ihr Überleben. Auch in diesem Punkt gibt es viele nicht-religiöse Erben der Apokalyptik, Ideologien, die mit dem Glanz der Zukunft die Zumutung gegenwärtiger Belastung verklären. Wieviele Leiden sind den Menschen schon zugemutet worden mit der salonfähigen Begründung, sie seien um des Lebens in einer besseren Zukunft willen unvermeidlich? Das sind im Grunde apokalyptische Zumutungen. Würden die so Beladenen nicht besser fragen: Wo und wie leben wir jetzt? Wie soll ich leben, damit ich das Leben nicht verfehle? Diese Lebensfrage hat allen Überlebensstrategien eines voraus: Sie ist dem Jetzt zugewandt, dem alleinigen Ort, wo unser Leben sich abspielen kann.

Anmerkungen:

1 Zu den apokalyptischen Schriften und zur Beschreibung deren Weltanschauung vgl. Ph. Vielhauer/G. Strecker, Einleitung zu C. Apokalypsen und Verwandtes, in: W. Schneemelcher, Neutestamentliche Apokryphen in deutscher Übersetzung, Bd. II, Apostolisches, Apokalypsen und Verwandtes, Tübingen [5]1989, S. 491–515; H. Ringgren u. a., Art. Apokalyptik, in: Religion in Geschichte und Gegenwart 3. Aufl. (RGG[3]), Bd. I, S. 463–472; D. Hellholm u. a., Art. Apokalyptik I–IV, in: RGG[4], Bd. I, S. 590–595; K. Koch, Gesammelte Aufsätze, in: U. Glessmer/

M. Krause (Hg.), Vor der Wende der Zeiten. Beiträge zur apokalyptischen Literatur, Bd. 3, Neukirchen-Vluyn 1996; F. Hahn, Frühjüdische und urchristliche Apokalyptik. Eine Einführung, Neukirchen-Vluyn 1998 (BThSt 36); J. Leipoldt/W. Grundmann, Umwelt des Urchristentums, Bd. I, Darstellung des neutestamentlichen Zeitalters, Berlin [8]1990, S. 218–234.

2 Eine allgemein verständliche Einleitung zur Johannesapokalypse liegt vor im Kommentar von J. Roloff, Die Offenbarung des Johannes, Zürich 1984 (ZBK.NT 18), S. 9–25. Die im folgenden beigezogenen Stellen werden dort ebenfalls erläutert.

3 Vgl. H. Weder, Apokalyptische Zeitstimmung. Reformatio 31 (1982), S. 326–336 [= Theologie der Gegenwart 25 (1982), S. 301–308].

4 Vgl. G. von Rad, Theologie des Alten Testaments, Bd. 2, Die Theologie der prophetischen Überlieferung Israels, München [9]1987, S. 316–338.

5 Zur geschichtlichen Situation vgl. H. Donner, Geschichte des Volkes Israel und seiner Nachbarn in Grundzügen, Teil 2: Von der Königszeit bis zu Alexander dem Grossen, mit einem Ausblick auf die Geschichte des Judentums bis Bar Kochba (GAT 4/2), Göttingen 1986, S. 359–390.

6 Vgl. G. von Rad, Weisheit in Israel, Gütersloh 1992 (GTBS 1537), S. 75–130, bes. 87f.: «Die Erfahrungen von der Welt waren ihm [sc. Israel] immer auch Gotteserfahrungen, und die Erfahrungen von Gott waren ihm Welterfahrungen. Man hat mit Recht gesagt, dass in jedem Erkennen zugleich ein Vertrauen wirksam sei. Also hier in der Sentenzenweisheit: Ein Vertrauen in die Stabilität der elementaren Bezüge von Mensch zu Mensch, ein Vertrauen in die Gleichheit der Menschen und ihrer Reaktionen, ein Vertrauen in die Verlässlichkeit der das Menschenleben tragenden Ordnungen und damit implizit oder explizit ein Vertrauen zu Gott, der diese Ordnungen in Kraft gesetzt hat.»; H.H. Schmid, Wesen und Geschichte der Weisheit. Eine Untersuchung zur altorientalischen und israelitischen Weisheitsliteratur, Berlin 1966, S. 159–161.

7 Zum Zeitverständnis des Urchristentums vgl. H. Weder, Gegenwart und Gottesherrschaft. Überlegungen zum Zeitverständnis bei Jesus und im frühen Christentum, Neukirchen-Vluyn 1993 (BThSt 20).

8 Vgl. etwa B. Philberth, Christliche Prophetie und Nuklearenergie, Zürich [4]1963.

9 Vgl. Weder, Gegenwart und Gottesherrschaft (wie oben Anm. 7), S. 56: «Nach Jesus ist es gerade die Qualität der Gegenwart, die zur Hoffnung auf die universale Güte der Zukunft berechtigt. Anlass zur Hoffnung auf die Gottesherrschaft gibt das Fragment des Guten im Jetzt.»

10 Vgl. J. Becker, Jesus von Nazareth, Berlin/New York 1996, S. 122–233; S. 276–337.

11 Vgl. E. Lohse, Die Offenbarung des Johannes, Göttingen [10]1971 (NTD 11), S. 103–106; U.B. Müller, Die Offenbarung des Johannes, Gütersloh [2]1995 (ÖTBK 19), S. 331–344.

12 Vgl. beispielsweise Sprüche 12,7; 14,22; 26,27; dazu auch von Rad, Weisheit, (wie oben Anm. 6), S. 165–181.

13 Besonders eindrücklich ist in dieser Hinsicht etwa das Gleichnis von den verlorenen Söhnen (Lk 15,11–32); vgl. auch Becker, Jesus von Nazareth, S. 176–233.

14 Offb 6,11; 20,6; 21,4; zu den Stellen siehe Roloff, Die Offenbarung des Johannes (wie oben Anm. 2), S. 64; 193f.; 199.

15 Joh 13,34; 15,12; vgl. dazu W. Schrage, Ethik des Neuen Testaments, Göttingen [5]1989 (GNT 4), S. 318–324.

16 Vgl. die Gestalt der Ethik Jesu als Einstellung auf das Wahre, wie sie etwa in den Gleichnissen und Parabeln (z. B. Mk 4,26–29; Mt 13,44–46; Lk 15,4–7 Q; Mt 20,1–16; Lk 7,31–35 Q) oder der Bergpredigt (Mt 5–7) erscheint.

Christoph Eggenberger

Das apokalyptische Weib – das Schwert im Munde Christi – Himmlisches Jerusalem.

Der mittelalterliche Blick auf die Endzeit

Ἐγώ εἰμὶ τὸ ἄλφα καὶ τὸ ὤμεγα – *Ich bin das Alpha und das Omega, spricht Gott, der Herr, der ist und der war und der kommt, der Herrscher über die ganze Schöpfung.* So steht es geschrieben in Vers 8 des ersten Kapitels der Offenbarung des Johannes, der Apokalypse, des letzten Buches des Neuen Testaments und – der Bibel. Alpha und Omega sind der erste und der letzte Buchstabe des griechischen Alphabets. *Ich bin das Alpha und das Omega, der Anfang und das Ende,* verdeutlicht Johannes in Vers 6 des 21. Kapitels, das dem künftigen, dem himmlischen Jerusalem gewidmet ist.

Das A, das Alpha – der Anfang also – ist hier nicht das Thema, auch wenn der Anfang, das heisst die Schöpfung, uns stets begleiten wird. Teilhard de Chardin erkannte Alpha und Omega als das Symbol Christi, der Anfang und Ende ist, in dem die Vollkommenheit in der Rückkehr des Endes zum Anfang erreicht wird. Im Omega sieht der gleiche herausragende Theologe und Philosoph dieses Jahrhunderts nicht nur den Endpunkt der Geschichte des Universums, sondern zugleich die Eröffnung einer unendlichen Zukunft in Gott.[1]

«Der mittelalterliche Blick auf die Endzeit» soll gleichermassen als Illustration dienen, wie man sich die Endzeit im Mittelalter vorgestellt hat und welche Bilder uns heute – 500 oder 1500 Jahre später – dafür zur Verfügung stehen. Teilhards Aussage ist nicht zeitgebunden: Damals wie heute ist die Eröffnung einer unendlichen Zukunft in Gott eine unverändert wahre Aussage über die Endzeit. Der christliche Theologe, der Jesuit Teilhard de Chardin, war ein so umfassender Geist, dass seine Formulierungen sich ohne weiteres auf die heutige Zeit zu Ende des Jahrtausends übertragen lassen, auf eine Zeit, in der man nicht mehr ohne weiteres vom christlichen Abendland – auf dieses beschränken wir uns – sprechen kann. Es gibt nach der Aussage des neuen Bundespräsidenten Johannes Rau in Deutschland Städte, die weniger als fünfzig Prozent in einer christlichen Kirche eingeschriebene Bewohner zählen. Doch die unendliche Zukunft in Gott gilt für alle Religionen im gleichen Masse, auch für die Sekten und wohl auch für die meisten, die sich nicht bekennen; auch wenn sie die Macht über sich nicht als Gott bezeichnen, sie erkennen sie doch an.

Befasst man sich mit dem Blick des Mittelalters auf die Endzeit, hat man den Vorteil, dass der damalige Künstler es wagte, sie abzubilden; oder anders gesagt, er vermochte sie sich so vorzustellen, dass er sie auch darstellen und schildern konnte. Oder nochmals anders: Die von Johannes verfasste Offenbarung ist ein Text der Bilder. Es sind Bilder, die heute oft nur schwer verständlich sind, Bilder aber, die lange Zeit vielen geläufig waren, Bilder, welche der mittelalterliche Künstler nur umzusetzen brauchte. Dabei ist gleich zu präzisieren, dass wir nicht unseren im 19. und 20. Jahrhundert geprägten Begriff des Künstlertums auf den mittelalterlichen Künstler übertragen dürfen. Er schuf seine Werke nicht nur – oder nicht primär – aus sich heraus, sondern arbeitete eng mit seinem Auftraggeber zusammen, im kirchlichen Bereich mit einem Theologen, der für ihn das Bildprogramm entwarf.

Die Vision des Himmlischen Jerusalems in Santa Maria Maggiore in Rom (Abb. 1) und die Paradiesdarstellung in San Marco in Venedig: Die beiden Mosaiken markieren die Pionierzeit der christlichen Bildfindung. Das Paradies – das Alpha, der Anfang, dient zur Verbildlichung des Gefildes der Seligen in der unendlichen Zukunft in Gott. Wie der Anfang in Gott war, wird es auch die Endzeit sein.

Die Mosaiken der Vorhalle sind die frühesten von San Marco, zu datieren in die Zeit um 1100. Dabei schufen die venezianischen Mosaizisten keine neuen Bilder, sondern folgten getreu einer für ihre Auftraggeber besonders wertvollen Vorlage: der sog. Cotton Genesis, einer um 600 wohl in Alexandria entstandenen illustrierten Handschrift.[2] Sie galt um 1100 als ursprünglicher Besitz des Apostels Markus, des Patrons der Basilika. Mit der Kopie der Bilder verschaffte man sich in Venedig die Legitimation zur Verehrung des Apostels. Die Besinnung auf die spätantiken Vorbilder zeigt die das 12. Jahrhundert prägende Renaissancebewegung an – wie schon um 800 zur Zeit Karls des Grossen und wie verstärkt noch um 1500.

In Santa Maria Maggiore in Rom dagegen befinden wir uns im 5. Jahrhundert, in einer Zeit, als Auftraggeber und Künstler die Bilder der Heilsgeschichte noch erfinden mussten. Die Kirche wurde im Auftrag von Papst Sixtus III. (432–440) erbaut; sie ist die erste grosse Marienkirche und eine der vier päpstlichen Basiliken in Rom neben St.Peter, dem Lateran und San Paolo fuori le Mura.[3]

Abbildung 1

Rom, Santa Maria Maggiore, Triumphbogen, Himmlisches Jerusalem

Als Blickfang gestalteten die Mosaizisten am Triumphbogen die frühe Vita Christi von der Verkündigung bis zum Besuch der drei Magier bei Herodes. Der Bogen rahmte bis zum Anbau des Chores unter Papst Nikolaus IV. in den letzten Jahren des 13. Jahrhunderts die ursprüngliche Apsis. Die Jesusszenen basieren auf zwei Mosaikfeldern, die rechts mit «Bethlehem», links aber mit «Jerusalem» bezeichnet sind (Abb. 1). Beide Male ist nicht nur die Stadtdarstellung zu sehen, sondern der Blick in einen Tempel, eine Kirche. Unter «Jerusalem» dürfen wir den Tempel Salomos als Metapher für das endzeitliche, Himmlische Jerusalem verstehen. Und wenn wir genau hinsehen, entpuppt sich die Darstellung als ein Abbild der Säulenkolonnade von Santa Maria Maggiore selbst! Dies ist ein bezeichnender Vorgang: Auftraggeber und Künstler verknüpfen die Heilsgeschichte mit der Gegenwart – und mit der Endzeit. Dem Betrachter wird ein Blick in die Endzeit gewährt, und es wird ihm bedeutet, dass die prunkvolle Marienkirche eine Vorstufe davon darstellt, wie er die Endzeit erfahren wird. Man muss gleich präzisieren: Die Ankündigung gilt dem gläubigen Betrachter, der die Wahrheiten der dargestellten Heilsgeschichte akzeptiert. Doch das ist nur ein Vorgeschmack; Auftraggeber und Künstler scheuten sich damals, im 5. Jahrhundert, die Letzten Dinge direkt ins Bild zu bringen. Nicht von ungefähr, wir kommen darauf zurück, kennen wir aus dieser Frühzeit der christlichen Bildfindung keine Apokalypse-Zyklen.

Aber die Apokalypse erlaubte es, sich an die Abbildung der Letzten Dinge heranzutasten. Das 4. und 5. Kapitel liegen der Darstellung am Scheitel des Bogens von Santa Maria Maggiore zu Grunde (Abb. 2):

Ein Thron stand im Himmel; und auf dem Thron sass einer, der wie ein Jaspis und ein Karneol aussah ... Und in der Mitte, rings um den Thron waren vier Lebewesen voller Augen, vorn und hinten. Das erste Lebewesen glich einem Löwen, das zweite einem Stier, das dritte sah aus wie ein Mensch, das vierte glich einem fliegenden Adler ... Und ich sah ... eine Buchrolle; sie war innen und aussen beschrieben und mit sieben Siegeln versiegelt ... Und ich sah ... ein Lamm; es sah aus wie geschlachtet und hatte sieben Hörner und sieben Augen ... (Offb 4, 2f., 6f.; 5, 1,6).

Dargestellt ist die sog. Hetoimasie, der leere Thron. Wir sehen aber mehr: die purpurne Chlamys (Mantel), das Diadem, das Gemmenkreuz Christi. Der leere Thron, eines der zentralen Bildthemen zur Darstellung der Endzeit, wird begleitet – für uns nicht mehr ganz unerwartet – von Alpha und Omega in der Laibung des Triumphbogens (des ursprünglichen

Abbildung 2

Rom, Santa Maria Maggiore, Triumphbogen, Leerer Thron

Apsisbogens). Beides zusammen ist die Summa der Heilsgeschichte, eben die «Vollkommenheit in der Rückkehr des Endes zum Anfang».

Die Mosaizisten des bedeutenden römischen Ateliers – dort sind auch die ersten illustrierten Vergil-Handschriften entstanden – wagten nicht direkt Denjenigen darzustellen, welcher dereinst auf dem fürstlich bereiteten Thron seinen Platz einnehmen wird; dagegen sprach auch das Gebot *Du sollst dir kein Gottesbild machen* (Exodus 20,4). Die Darstellung Gottes fand in Santa Maria Maggiore aber Eingang ins erste Mosaik, das auf der linken Langhausseite unmittelbar an den Triumphbogen und in der Nähe des Hochaltars anschliesst: Melchisedek vor Abraham.[4] Die Gottesschau ist mit jener «Eröffnung einer unendlichen Zukunft in Gott» gleichbedeutend; die Anschauung Gottes ist das Ziel der Heilsgeschichte, das Ziel auch jeglichen menschlichen Strebens.

Das Mosaikfeld stellt eine der Voraussetzungen der heilsgeschichtlichen Aussage dieser Szenen am Triumphbogen dar. Was Melchisedek «ante legem» – vor dem Gesetz – verkörpert, erfüllt Jesus Christus «sub gratia» – in der Gnade. Melchisedek wird von Gott, in Gestalt einer nimbierten Halbfigur, als der Erzpriester bezeichnet und gesegnet, wie er in den Texten erscheint. Diese Parallele macht deutlich, dass die Mosaizisten hier nicht etwa Gottvater darstellen wollten, sondern «Christus Logos». Erstaunlich ist zu sehen, dass Abraham in der Gestalt des Petrus wiedergegeben ist, wie er am Scheitel des Triumphbogens zu Seiten des Leeren Thrones abgebildet ist. Dargestellt ist also nichts anderes als die Huldigung des wahren Herrschers über Rom: Petrus. Der kaiserlich gekleidete Melchisedek huldigt dem einfach gewandeten Abraham. Das Mosaik kann nicht anders gelesen werden – Abraham hat Anteil an Christi Segen in der Vermittlung durch den Priesterkönig. Abrahams Bedeutung drückt der Mosaizist in seiner Haltung aus: hoch zu Ross und mit ausgestreckter Rechten gestaltet wie die Reiterstatue Mark Aurels; bevor Michelangelo sie auf das Kapitol bringen liess, war sie in der Nähe einer anderen Papstkirche aufgestellt, beim Lateran. Die Linie führt so vom Kaiser zu Christus und weiter zu Petrus und dem Papst – nicht nur zu Sixtus III. als Auftraggeber, sondern auch zu jedem seiner Nachfolger bis zum heutigen Tag. In Santa Maria Maggiore feiert der Papst den Heiligen Abend, da dort die Reliquie der Krippe Jesu verehrt wird. Die Linie führt weiter zur Parusie, zum wiederkehrenden Christus, dem der Thron bereitet ist.

Die Bildaussage ist komplex, ja sogar widersprüchlich. Dies charakterisiert das Wesen dieser Kunst trefflich; wir müssen uns hüten, die Mosaizisten und die Theologen hinter ihnen auf eine einzelne Aussage fixieren zu wollen; sie verflochten die verschiedensten Sinnebenen miteinander zu einem Bild, das auch der plakativen Fernwirkung nicht entbehrt.

Das entsprechende Mosaikfeld in Santa Maria Maggiore auf der gegenüberliegenden Seite des Langhauses zeigt den Durchzug durch das Rote Meer – als alttestamentlichen Typus für die Taufe Christi.[5] Alpha und Omega, der apokalyptische Thron, das Himmlische Jerusalem verbinden sich so mit den zentralen Heilswahrheiten der Taufe und der Eucharistie. Santa Maria Maggiore bildet die Heilsgeschichte von den Anfängen im Alten Testament bis in die Endzeit ab; darin eingeschlossen ist stets die jeweilige Gegenwart des Betrachters – sei es damals, als die Kirche vor 1500 Jahren neu war – sei es heute und morgen, etwa im Heiligen Jahr 2000.

Die übrigen Mosaiken von Santa Maria Maggiore breiten in 42 Mosaikfeldern die Geschichte Abrahams, Moses und Josuas aus. Es fällt auf, wie sehr die Darstellungen der zahlreichen Schlachten überwiegen. Zwei Mosaikfelder zeigen dabei den Feldherrn – das eine Mal Moses,[6] das andere Mal Josua – mit erhobenen Armen.[7] Josua hält den Lauf der Sonne an, um den Tag für den Sieg zu verlängern. Unverkennbar nimmt er eine Richterpose ein: Der Weg zur Gottesanschauung führt über das Jüngste Gericht. Der richterliche Gestus des alttestamentlichen Feldherrn weist auf den Richterspruch Christi am Jüngsten Tag voraus. Im 5. Jahrhundert, zur Zeit der Entstehung dieser Mosaiken, war es noch zu früh, das Gericht darzustellen. Das schwierige Thema musste reifen, bis es dargestellt werden konnte. Eines der frühesten Bilder dazu finden wir nicht weit von hier, im Kloster St. Johann in Müstair in Graubünden. Aber dies ist noch nicht das Thema: In den Gerichtsdarstellungen sehen wir zwar die Verdammten und die Geretteten, aber wir sehen nicht, in welcher endzeitlichen Umgebung sie sich bewegen! Diese wird durch die Darstellungen des Himmlischen Jerusalem und des Leeren Thrones veranschaulicht.

Von der Renaissance des 12. Jahrhunderts war schon die Rede. Ein Hauptwerk dieser Bewegung ist der sog «Hortus Deliciarum» der Herrad von Landsberg, Äbtissin des Klosters auf dem Odilienberg zwischen Schlettstadt und Strassburg. Die von der seit ca. 1178 regierenden Äbtissin († 1191/96) in Auftrag gegebene reich illustrierte Handschrift ist ein Kompendium der Theologie und Frömmigkeit der Zeit. Die Miniaturen stellen in Inhalt und Stil die Summa der romanischen Kunst mit ihren byzantinischen Einflüssen dar und zeigen zudem verschiedene neue Bilderfindungen. Die Handschrift fiel 1870 im deutsch-französischen Krieg dem Brand der Strassburger Bibliothek zum Opfer. Getreue Nachzeichnungen, die für den Druck einer Faksimile-Edition hergestellt wurden, erlauben, sich eine genaue Vorstellung von Inhalt und Stil der Bilder zu machen.[8] Der Blick in die apokalyptische Endzeit ist im Elsass besonders drastisch ausgefallen.

Dann erschien ein grosses Zeichen am Himmel: eine Frau, mit der Sonne bekleidet; der Mond war unter ihren Füssen und ein Kranz von zwölf Sternen auf ihrem Haupt. Sie war schwanger und schrie vor Schmerz in ihren Geburtswehen. Ein anderes Zeichen erschien am Himmel: ein Drache, gross und feuerrot, mit sieben Köpfen und zehn Hörnern und mit sieben Diademen auf seinen Köpfen. Sein Schwanz fegte ein Drittel der Sterne vom Himmel und warf sie auf die Erde herab. Der Drache stand vor der Frau, die gebären sollte; er wollte ihr Kind verschlingen, sobald es geboren war. Und sie gebar ein Kind, einen Sohn, der über alle Völker mit eisernem Zepter herrschen wird. Und ihr Kind wurde zu Gott und zu seinem Thron entrückt ... Und ich sah: Ein Tier stieg aus dem Meer, mit zehn Hörnern und sieben Köpfen. Auf seinen Hörnern trug es zehn Diademe und auf seinen Köpfen Namen, die eine Gotteslästerung waren ... (Offb 12, 1–5; 13, 1). Vor diesem textlichen Hintergrund entfaltet der Maler des Hortus Deliciarum das monumentale Bild auf fol. 261v (Abb. 3). Es verbindet den Anfang – die Geburt des Kindes, d. h. Jesu – und das Ende: *Jetzt ist er das, der rettende Sieg, die Macht und Herrschaft unseres Gottes und die Vollmacht seines Gesalbten...* (Offb 12,10). *Mulier hec est ecclesia – Die Frau ist die Kirche,* notiert der Schreiber in das Bild und meint damit auch Maria, die Gottesmutter. Das Tier links unten *... glich einem Panther; seine Füsse waren wie die Tatzen eines Bären und sein Maul wie das Maul eines Löwen* (Offb 13, 2). *Bestia ... est antichristus – Das Tier ... ist der Antichrist,* notiert der Schreiber.

Das nächste Bild im Hortus – auf fol. 263v – zeigt Abrahams Schoss; vorangestellt sind die nicht minder aussagekräftigen Miniaturen, die damals wie heute der Betrachterin und dem Betrachter einen wahren Augenschmaus bieten: das Flammenmeer der Hölle (fol. 255r), die Hure Babylon auf dem Tier (fol. 258r; Offb 17) und ihr tiefer Sturz Kopf voran in die Flammen auf der Rückseite desselben Blattes (fol. 258v; Offb 18).

Kürzlich konnte die faszinierende Bilderwelt der Engelberger Buchmalerei der Öffentlichkeit vorgestellt werden.[9] Trotz seiner abgelegenen Lage war das Benediktinerkloster Engelberg am Puls der Zeit, und so führen einige Verbindungen auch ins Elsass und zum Hortus Deliciarum. Die

Abbildung 3

Hortus Deliciarum der Herrad von Landsberg, fol. 261v, das Apokalyptische Weib

Miniatur auf fol. 69v im zweiten Band der Frowin-Bibel, dem Codex 4 der Engelberger Stiftsbibliothek, mag auf den ersten Blick unverständlich bleiben, zumal das Bild im Alten Testament dem Hohenlied vorangestellt ist (Abb. 4).[10] Wir sehen Christus, klar an seinem Kreuznimbus erkennbar; er reicht einer majestätischen Frau mit wallendem Gewand und einer Mauerkrone die Hand. Christus wird zum Bräutigam des Hohenliedes, die Frau ist die Braut, Maria und die Verkörperung der Kirche, «Ecclesia».

Christus und seine auserkorene Braut präsentieren sich dem Betrachter als Herrscherpaar. «Ecclesia» ist die Auserwählte, die durch die Hochzeit in den königlichen Rang ihres Bräutigams erhoben wird. Ihre Krone erinnert an die Mauerkronen antiker Stadtgottheiten und an das von einer goldenen Mauer eingefasste Himmlische Jerusalem. Damit wird auf die endzeitliche Erhöhung der Kirche als Neues Jerusalem hingewiesen, wie es in Apokalypse 21,2 beschrieben wird: *Und ich sah die heilige Stadt, das neue Jerusalem, von Gott aus dem Himmel herabkommen, bereitet wie eine geschmückte Braut für ihren Mann.* Unterstrichen wird die apokalyptische Note noch durch die vierundzwanzig roten Punkte auf dem gelben – goldenen – Rand der Krone; sie stehen für die vierundzwanzig Ältesten der Apokalypse (4,4–10; 5,8–14; 11,16; 19,4).

Im Kreuzigungsbild des «Hortus Deliciarum» auf fol. 150r wird die mystische Verbindung Christi mit Maria – und mit «Ecclesia» – deutlich. Sie empfängt das Blut aus seiner Seitenwunde. Als Braut des geopferten Christus wurde «Ecclesia» eins mit der Braut des apokalyptischen Lammes: *Denn König geworden ist der Herr, unser Gott, der Herrscher über die ganze Schöpfung … gekommen ist die Hochzeit des Lammes, und seine Frau hat sich bereit gemacht* (Offb 19,6 f.). In der Apokalypse überschneiden sich die Bilder; auch das gebärende, von der Sonne umkleidete Weib deutete man als «Ecclesia» und las deshalb die Offenbarung als das Buch der siegenden Kirche. Die vielschichtige Verbindung von Maria, «Ecclesia» und der Braut des Hohenliedes führte zur ikonographischen Verschmelzung im Bild der Marienkrönung. Damit kommen wir zurück zu Santa Maria Maggiore in Rom; nicht in die Pionierzeit des 5. Jahrhunderts, sondern kurz vor 1300, in die Zeit Giottos. Das Bildmotiv der Krönung Mariae durch Christus war damals noch jung und hatte erst kürzlich aus England und Frankreich kommend Eingang in die italienische Kunst gefunden.[11]

Im Engelberger Codex 12, der Abschrift des Psalmenkommentars des Kirchenvaters Augustinus, finden wir zwei weitere apokalyptische Bilder, zwei andere Ausblicke auf die Endzeit. Das Schwert im Munde Christi auf

Abbildung 4

Engelberg, Stiftsbibliothek, Codex 4, fol. 69v, Hoheslied, Christus und Ecclesia

Abbildung 5

Engelberg, Stiftsbibliothek, Codex 12, fol. 133r, das Schwert im Munde Christi

Abbildung 6

Engelberg, Stiftsbibliothek, Codex 12, fol. 101r, Christus in der Kelter

fol. 133r ziert die Anfangsinitiale des Kommentars zum 93. (94.) Psalm: *Gott der Vergeltung, o Herr, Du Gott der Vergeltung, erscheine! Erhebe dich, Richter der Erde, vergilt den Stolzen ihr Tun* (Verse 1 und 2; Abb. 5). Mit der Darstellung verknüpfen der Auftraggeber, der Abt von Engelberg, und der Zeichner den alttestamentlichen Psalm mit der Apokalypse: *Dann sah ich den Himmel offen, und siehe, da war ein weisses Pferd, und der, der auf ihm sass, heisst ‹Der Treue und Wahrhaftige›; gerecht richtet er und führt er Krieg ... Aus seinem Mund kam ein scharfes Schwert; mit ihm wird er die Völker schlagen. Und er herrscht über sie mit eisernem Zepter, und er tritt die Kelter des Weines, des rächenden Zornes Gottes, des Herrschers über die ganze Schöpfung. Auf seinem Gewand und auf seiner Hüfte trägt er den Namen: ‹König der Könige und Herr der Herren›* (Offb 19,11;15f.).

Er tritt die Kelter – ein merkwürdiges Bild wiederum, aber wir finden es gezeichnet im gleichen Codex 12 auf fol. 101r zum 83 (84.) Psalm (Abb. 6). Das Einbeziehen Christi in die Kelter scheint dem Auftraggeber und dem Zeichner von besonderer Wichtigkeit gewesen zu sein, wurde doch zugunsten des Sinnbildes ein ganzer Textabschnitt ausradiert und an den Rand versetzt neu geschrieben. Der 83. Psalm, dem der Kommentar an dieser Stelle gewidmet ist, bildet zusammen mit den Psalmen 8 und 80 die Gruppe der Kelterlieder, wie an ihrer gemeinsamen Psalmüberschrift «pro torcularibus» zu erkennen ist. Das Bild der Mystischen Kelter entwickelte sich im 12. Jahrhundert im deutschen Sprachraum. Als Grundlage diente die Textstelle Jesaja 63,3 – *Ich allein trat die Kelter;* seit frühchristlicher Zeit wurde diese Stelle als Weissagung des Leidens Christi interpretiert. Das unbeschriftete Spruchband mag als witzige, bildliche Umsetzung von Apokalypse 19,12 gelten, wo es heisst: *und auf ihm stand ein Name, den er allein kennt.*[12]

Der beste unter den Engelberger Künstlern illustrierte im Auftrag von Abt Berchtold Augustinus' Traktat über die Dreifaltigkeit, das am schwierigsten deutbare und darstellbare Geheimnis des christlichen Glaubens. Als Augustinus im Disput mit den Irrlehrern wurde die Titelminiatur des Codex 14, fol. 1v (Abb. 7), stets interpretiert.[13] Die Figur rechts aussen passt aber nicht zu den übrigen, und sie verhüllt nicht das Buch, sondern enthüllt es, offenbart das Evangelium: Es ist Paulus. Bernhards von Clairvaux Schriften und Gedanken spielten im Kloster Engelberg eine bedeutende Rolle. Seine 65. Hoheliedpredigt kann man wie eine Bildlegende zu dieser Zeichnung lesen. Zu Hld 2,15 sagt Bernhard: *Wie lange wird noch etwas geheimgehalten, was Gott bekanntzumachen befiehlt? Wie lange bleibt*

Abbildung 7

Engelberg, Stiftsbibliothek, Codex 14, fol. 1v.
Titelblatt zum Dreifaltigkeitstraktat des Augustinus.
Augustinus und Paulus mit zwei Irrlehrern.

Abbildung 8

Valenciennes, Bibliothèque municipale, Ms. 99, fol. 31r, die grosse Hure

Abbildung 9

Cambrai, Bibliothèque municipale, Ms. 386, fol. 43r, das messianische Jerusalem

euer Evangelium verhüllt? Ich vermute, dass es euer eigenes Evangelium ist und nicht das des Paulus, denn dieser sagt, das seine sei nicht verhüllt. Und ‹wenn unser Evangelium dennoch verhüllt ist›, heisst es, ‹ist es nur denen verhüllt, die verlorengehen.› (2Kor 4,3).[14]

Dante Alighieri (1265–1321) darf in diesem Zusammenhang nicht unerwähnt bleiben. Seine «Divina Commedia» (entstanden ab 1307 bis in seine letzten Lebensjahre) schildert das Leben in der Hölle – «Inferno» –, im Fegefeuer – «Purgatorio» – und im Paradies – «Paradiso». Es würde aber unseren Rahmen sprengen, darauf weiter einzugehen. Von diesem epochalen Werk zu Beginn des 14. Jahrhunderts ist es mental nicht mehr weit zur Renaissance und zum Humanismus. Nicht zum letzten Mal, aber als letzten Höhepunkt (schon mit Blick auf Michelangelos weit gebrocheneres Bild des Heilsgeschehens in der Sixtina), in letzter Vollendung, gestaltet Raffael den mittelalterlichen Blick auf die Endzeit in der Stanza della Segnatura im Vatikan. Er verbindet in einem genialen Bogen die antike Götterwelt auf dem Parnass mit dem christlichen Blick in der «Disputa del Sacramento» auf den «Endpunkt der Geschichte des Universums und der Eröffnung einer unendlichen Zukunft in Gott». Wohl bemerkt, dies geschieht nicht mehr aus dem unerschütterlichen – oder präziser gesagt: dem früher nie hinterfragten – Glauben des mittelalterlichen Theologen und Künstlers, sondern aus dem neuen Humanismus des Renaissance-Menschen, der in gleichem Masse über die Kenntnis der Antike wie des Christentums und der Bibel verfügt.[15]

Zum Schluss wenden wir uns den Bildzyklen zu. Wann der erste Apokalypse-Zyklus geschaffen wurde, ist Gegenstand eines wissenschaftlichen Disputs. Die ersten Zyklen – in der karolingischen Trierer Apokalypse, in denjenigen von Valenciennes und Cambrai, dann in jener berühmten ottonischen von Bamberg – auf der Klosterinsel Reichenau geschrieben und gemalt – weisen antike Bildelemente auf. Ob es aber eine frühchristliche Vorlage gab, wissen wir nicht. Es entsprach immer wieder, nicht nur im Mittelalter, einem tiefen Bedürfnis, das heilsgeschichtliche Geschehen in seinem Ablauf darzustellen, eben als Bildzyklus, den man füglich als Vorläufer des Comic Strip (der im 18. Jahrhundert erfunden wurde) und des Films betrachten kann. Dabei darf ein zentraler Punkt nie vergessen gehen: Der von Johannes verfasste Offenbarungstext ist ein Text der Bilder. Bei der Lektüre des Textes lässt man sich immer wieder von den starken Bildern verführen. Auftraggeber und Künstler mussten sich – bis heute: es sei an den Apokalypse-Zyklus von Max Beckmann erinnert – von diesem biblischen Text besonders angezogen fühlen.[16]

Abbildung 10

Chantilly, Musée Condé, Ms. 65, Très Riches Heures du Duc de Berry, fol. 17r, Johannes aus Patmos

Abbildung 11

Albrecht Dürer, 1498. Die Leuchtervision

Die Apokalypse in der Bibliothèque municipale von Valenciennes aus der Zeit um 800 bringt den Engel mit ins Bild, wie er Johannes auf die Vision der grossen Hure im 17. Kapitel hinweist (Abb. 8).[17] Ohne jegliche Scheu, ohne den sonst so oft zu beobachtenden «horror vacui», spielt der Maler mit der leeren Fläche des Pergaments, die dem Betrachter Raum lässt für seine eigenen Bilder. Ganz anders in der Apokalypse von Cambrai aus dem 9. Jahrhundert, wo das messianische Jerusalem im 21. Kapitel der Offenbarung mit dem kreuztragenden Lamm und dem Lebensbaum als endzeitliche Vision reich ausgestattet erscheint (Abb. 9).[18] Wieder ist der Autor, Johannes mit Buchrolle in der Hand, ins Bild genommen.

Ein besonders prachtvolles Bild von Johannes findet sich in den «Très Riches Heures» des Duc de Berry (um 1415; Abb. 10).[19] Der Autor der Apokalypse ist gefangen von der Vision des Thronenden mit dem Lamm zwischen den Seraphim und den vierundzwanzig Ältesten. Im Hintergrund scheint das himmlische Jerusalem auf – hier nun in der Gestalt einer französischen gotischen Stadt.

Mit der Holzschnittfolge Albrecht Dürers von 1498 und mit der Leuchtervision daraus sei der Schlusspunkt gesetzt (Abb. 11). Ein Ziel vor allem verfolgen diese Zeilen, nämlich zur vertieften Lektüre der Apokalypse zu verführen. Viele Bilder werden dabei aufscheinen, und die Offenbarung, das letzte Buch der Bibel, kann so als ein Stück lebendiger Gegenwart erfahren werden.

Anmerkungen:

1 K. Schmitz-Moormann, Omega, in: Historisches Wörterbuch der Philosophie, Band 6, Basel-Stuttgart 1984, Sp. 1182–1185.

2 Die Handschrift ist in der British Library, London, nur in verkohlten Fragmenten erhalten geblieben. – Kurt Weitzmann und Herbert L. Kessler, The Cotton Genesis. British Library, Ms. Cotton Otho B.VI., Princeton 1986.

3 Heinrich Karpp, Die frühchristlichen und mittelalterlichen Mosaiken in Santa Maria Maggiore zu Rom, Baden-Baden 1966. – Beat Brenk, Die frühchristlichen Mosaiken in S. Maria Maggiore zu Rom, Wiesbaden 1975.

4 Brenk (wie Anm. 3) S. 53–56.

5 Brenk (wie Anm. 3) S. 84–87.

6 Schlacht gegen die Amalekiter; Exodus 17, 8–13; Brenk (wie Anm. 3) S. 90f.

7 Amoriterschlacht; Josua 10, 12–14; Brenk (wie Anm. 3) S. 105f.

8 Rosalie Green, Michael Evans, Christine Bischof und Michael Curschmann (Hg.), Herrad of Hohenbourg. Hortus Deliciarum, 2 Bände, London und Leiden 1979.

9 Christoph Eggenberger (Hg.), Die Bilderwelt des Klosters Engelberg. Das Skriptorium der Äbte Frowin (1143–1178), Berchtold (1178–1197) und Heinrich (1197–1223), Luzern 1999.

10 Carmen Baggio Rösler, Das himmlische Brautpaar. Zur Ikonographie der mystischen Vermählung, in: Eggenberger (wie Anm. 9) S. 44–52.

11 Christoph Eggenberger, Zur Marienkrönung des Franziskaner-Papstes Nikolaus IV. in Santa Maria Maggiore zu Rom, in: Das Denkmal und die Zeit. Festschrift zum 70. Geburtstag von Alfred A. Schmid, Luzern 1990, S. 270–282.

12 Katja Lesny, Der Psalmenkommentar des Augustinus. Die Bildinitialen (Codex 12), in: Eggenberger (wie Anm. 9) S. 53–58.

13 Eggenberger (wie Anm. 9) Abb. S. 112.

14 Bernhard von Clairvaux, Sämtliche Werke, Band VI, Innsbruck 1995, S. 362f.

15 Deoclecio Redig de Campos, Raphaels Fresken in den Stanzen, Stuttgart 1984, Tafel 1, 21.

16 Ernst Wagner, Max Beckmann – Apokalypse. Theorie und Praxis im Spätwerk, München 1999.

17 Valenciennes, Bibliothèque municipale, Ms. 99, fol. 31r.

18 Cambrai, Bibliothèque municipale, Ms. 386, fol. 43r.

19 Chantilly, Musée Condé, Ms. 65, Très Riches Heures du Duc de Berry, fol. 17r, Johannes auf Patmos. – Faksimile-Edition des Faksimile Verlags, Luzern 1985.

Tovia Ben Chorin

Altorientalische Endzeitvorstellungen im Judentum

In diesem Beitrag geht es um die Endzeitvorstellungen im Judentum, und es ist bemerkenswert, dass sie im Titel, den der Veranstalter vorgeschlagen hat, als altorientalisch bezeichnet werden. Vielleicht muss man präzisieren, dass das Judentum aufgrund seines Ursprungs im Nahen Osten einen ausgeprägt orientalischen Charakter aufweist, denn das wird im Westen oft vergessen. Selbst jüdische und christliche Theologen, die sich mit Judaistik befassen und Texte immer wieder in westlicher Art und Weise analysieren, vergessen manchmal, dass die hebräische Bibel ein literarisches Werk ist, das im Nahen Osten verfasst und zusammengestellt wurde. Wenn man sie mit westlichen Augen kritisch liest, versteht man diese Literatur wohl nicht immer. Umso mehr freut es mich, dass das Judentum nun hier als altorientalisch aufgefasst wird, obwohl es im Lauf der Jahrhunderte natürlich auch eine lange westliche Tradition entwickelt hat.

Warum gibt es die Erwartung einer Endzeit und eines Messias? Im Moment ist wohl weniger der theologische Aspekt wichtig als das Ziel der Frage: was erwartet man? Dabei müssen wir davon ausgehen, dass das Judentum nach der hebräischen Bibel mit Abraham begonnen hat, also vor etwa 4000 Jahren. Das Judentum als solches ist eine Antithese zum Paganismus. In den polytheistischen Religionen leben die Götter in ihrem eigenen, mythologischen Universum. Der Mensch wiederum lebt in seiner Welt und muss sich mit den Göttern arrangieren. Er muss achtgeben, dass sie nicht zu neidisch werden, und im Opfer gibt er den Göttern jeweils etwas, um sie von sich fern zu halten, so dass er auf der Erde sein eigenes Leben führen kann.

Mit dem Monotheismus, mit Abraham also, kommt es zu einem Bruch mit dieser Idee der Moira – des Schicksals, wenn Sie wollen –, wonach die Götter ihr Geschick haben und die Menschen wiederum das ihre. Jetzt wird plötzlich – durch den Bund Gottes mit Abraham – aus diesen beiden getrennten Welten eine Einheit. Zwar gab es schon vorher, gleich nach der

Sintflut, den Versuch eines Bundes zwischen Mensch und Gott, der jedoch scheiterte. Und nun gelangen wir durch Abraham zu einer neuen Vorstellung, nämlich jener von einem Zyklus aus Leiden und Erlösung. Damit erhebt sich die Frage, wo dieser Zyklus endet. Die hebräische Bibel nun enthält eine historiosophische Idee, die sich dem gesamten Judentum eingeprägt hat, die optimistische Auffassung nämlich, dass am Ende der Zeiten das Positive stärker wirkt als das Negative. Das ist ein Glaubensbekenntnis, das zum Ausdruck bringt, wie man Geschichte versteht. Hier geht es nicht mehr um die mythologische Vorstellung von den zwei Welten, der göttlichen und der menschlichen, die nie zusammenkommen, sondern einander polar gegenüberstehen; das ist nicht mehr von Belang. Es geht vielmehr darum, dass am Ende der Zeiten die Einheit zustandekommt, und diese Einheit wird entstehen, auch wenn der Mensch scheitert. Da erscheint in der Endzeit, in der messianische Epoche, die Gottesgnade. So endet der Kreislauf von Leiden und Erlösung im teleologischen Sinn schliesslich mit der Erlösung.

Doch was enthält die Vorstellung vom Ende der Zeiten? Es gibt zwei Varianten: die eine erschafft aus der Vergangenheit eine Utopie, und die andere konstruiert aus der Gegenwart eine Projektion in die Zukunft. Die eine Vorstellung ist mit dem Auszug aus Ägypten verbunden; auf die Knechtschaft in Ägypten folgt mit dem Auszug die Erlösung, am Sinai erhält das Volk die Lehre und die Hoffnung auf deren Verwirklichung in Kanaan mit «Erez Israel», dem Land Israel. Immer wieder gerät das Volk in eine Situation, wo es sündigt, es kann diesen Bund mit Gott nicht ganz und gar einhalten. Denn der Bund ist nicht eine Gottesgnade, sondern ein *Vertrag* des Volkes mit Gott. Dass ein solcher Vertrag mit Gott überhaupt möglich wird, ist natürlich schon ein Entgegenkommen aus Gnade, aber das Verhältnis, das so begründet wird, ist eines zwischen Partnern. Im Christentum ändert sich natürlich diese Vorstellung, und wie sie schliesslich im Islam zum Ausdruck kommt, erfahren wir aus dem Vortrag von Frau Chenou.

Die erste Vorstellung, die wir in den fünf Büchern Mose vorfinden, ist die vom Ende der Zeiten, «Acharit hajamim», das von den Propheten später dargestellt wird als «Jom Adonai» (Tag des Herrn) oder «Jom Hadin» (Tag des Gerichts).

Vier Elemente sind mit der Endzeit verbunden. Das erste ist die Bestrafung des Volkes Israel als Folge seiner Sünden. Eine solche Strafe kam schon mit der Sintflut über die sündige Menschheit; insofern haben wir in der Sintflutgeschichte ein Modell für das, was am Ende der Zeiten wiederkehren kann. Gott ist der Anfang und das Ende: daher kann am Ende das wieder eintreten, was am Anfang schon einmal geschehen war. Aber dem Glauben nach ist das Ende des Endes schliesslich etwas Positives, auch wenn zuerst die Sündenstrafe über das Volk Israel hereinbricht.

Das zweite Element ist die Bestrafung der sündigen Völker, insbesondere jener Völker, die an Israel sündigten. Sie wurden zwar von Gott gesandt, um Israel zu strafen, doch erfreuten sie sich so an ihrem Auftrag, dass sie dabei jedes Mass überschritten. Dafür werden sie bestraft, doch nicht weniger auch für die Untaten der Völker gegeneinander.

Das dritte Element: Nach dem Leiden folgt für Israel die Erlösung. Es ist die Rückkehr des Volkes Israel ins Land der Verheissung, wo ein König herrschen wird, dessen Autorität nicht auf kriegerischer Macht beruht, sondern seinem «Geist der Erkenntnis und seiner Furcht vor dem Ewigen» entspringt.

Das vierte Element ist das Ende der Zeiten; es mündet in ein allgemeines Glück ein, indem es schliesslich allen Menschen auf der ganzen Erde den Frieden, «Schalom», bringt.

Wie wird diese Zeit, dieser Zustand, erreicht? Ideal wäre, wenn Gott selbst sein Reich herbeiführte. Aber funktionell gesehen braucht es dazu doch einen Boten, einen «Schaliach». Wer ist dieser Bote? Die Antwort beruht auf der Interpretation der monarchischen Erfahrung des Volkes Israel bzw. des Reiches Juda, die mit dem Königtum des Hauses David verbunden ist, denn der König wird – nach jüdischem Ritus – gesalbt. Das ermöglicht die Projektion auf den Messias, den «Christos», den Gesalbten. Die meisten Menschen kennen den Gesalbten als Christus, einer Bezeichnung für Jesus. Aber in Alt-Israel wurde wie erwähnt jeder König gesalbt, übrigens auch der Hohepriester.

So finden wir in den messianischen Vorstellungen oftmals zwei Figuren: einen «Maschiach ben David», einen Messias, Sohn Davids, den idealen Friedensmessias, nachdem Leiden und Krieg in der Zeit verschwunden sind. In der vormessianischen Zeit gibt es aber noch eine weitere Gestalt, «Maschiach ben Joseph», den Sohn Josephs, – und es ist sicherlich kein Zufall, dass in der Geschichte Jesu der Vater Joseph heisst – er ist der Messias, der an den Toren Jerusalems umkommt beim Versuch, kriegerisch in die Stadt einzuziehen. Erst dann erscheint der Messias des Friedens, ben David. Dazu passt der Anfang des Matthäusevangeliums, wo ein ganzer Stammbaum rekonstruiert wird, um nachzuweisen, dass Jesus aus dem Hause David stammt. So werden zwei Gestalten in einer Figur vereinigt:

die Gestalt des Friedensmessias einerseits, und andererseits die Gestalt von ben Joseph, dem Sohn Josephs, der leidet und in der Stadt umkommt, indem er gekreuzigt wird. Der ideale Messias kommt schon in der hebräischen Bibel vor, aber er ist als Gestalt mit dem Namen Messias eine Erscheinung aus der Zeit des zweiten Tempels, also nach der Zerstörung des ersten Tempels (586 vor unserer Zeit), aus der Zeit des Exils in Babylon. Da, im Exil, kommt der jauchzende Wunsch auf: «Kehren wir wieder zurück ins Heilige Land», nach der Prophezeihung von Jeremia; aber da wird noch von einem «Zemach» gesprochen, von etwas, das heranwächst (der Begriff «Maschiach», der Gesalbte, kommt noch nicht vor). Die Idealgestalt aus dem Haus David aber finden wir bereits bei Jesaia 11,1–6:

Doch aus dem Baumstumpf Isais wird ein Reis hervorgehen, ein junger Trieb aus seiner Wurzel wird Frucht bringen, der Geist des Herrn lässt sich wieder auf ihm nieder, der Geist der Weisheit und der Einsicht, der Geist des Rates und der Stärke, der Geist der Erkenntnis und der Gottesfurcht. Er erfüllt ihn mit dem Geist der Gottesfurcht, er richtet nicht nach dem Augenschein und nicht nach dem Hörensagen entscheidet er, sondern er richtet die Hilflosen gerecht und entscheidet für die Armen des Landes, wie es recht ist. Er schlägt den Gewalttätigen mit dem Stock seines Wortes (also keine Kriege mehr) *und tötet den Schuldigen mit dem Hauch seines Mundes. Gerechtigkeit ist der Gürtel um seine Hüften, Treue der Gurt um seinen Leib. Dann wohnt der Wolf beim Lamm, der Panther liegt beim Böcklein.*

Es ist das Bild der vollen Harmonie zwischen Mensch und Mensch sowie zwischen Mensch und Natur.

Wir haben hier eine Gestalt aus dem Hause David, und so wie Gott mit dem Auszug aus Ägypten einst Israel gerettet hat, wird er am Ende der Zeiten, «Acharit hajamim», Israel wieder erretten. – Die duale Messiasgestalt finden wir auch in den «Schriftrollen vom Toten Meer»; da gibt es einen Maschiach aus dem Hause David und einen Messias aus dem Hause Aaron. Wieder sind es diese zwei Messiasgestalten, wenn auch die Sekte vom Toten Meer eine etwas andere Vorstellung von ihnen hatte als das normative Judentum mit seiner pharisäischen Perspektive, die ihren Einfluss bis heute behalten hat. Pharisäisch meine ich nicht im Sinne des Neuen Testaments, sondern vielmehr im Sinn der jüdischen Geschichte und bezeichne damit eine der drei oder gar vier verschiedenen Richtungen des Judentums aus der Zeit des zweiten Tempels.

Die Endzeit ist mit vielem Leiden verbunden. Dieses Leiden versuchte man schon in der Mischna (einer Quelle aus der Zeit um etwa 200, die aber ältere Bestandteile enthält, welche bis ins erste Jahrhundert vor unserer Zeit zurückgehen) zu beschreiben, und in der «Mischna Sotha», Kapitel 9, finden wir eine Schilderung der vormessianischen Zeit:

Seit der Zerstörung des Heiligtums sind die Gelehrten den Kinderlehrern gleich geworden und die Kinderlehrer gleich den Synagogendienern, die Synagogendiener gleich dem unwissenden Volke, und das unwissende Volk verkümmert immer mehr, … Auf wen können wir uns stützen? Auf unseren Vater im Himmel!

Sich in dieser Form an Gott zu wenden (mit den Worten «Avinu sche Baschamajim», «unser Vater im Himmel», die auch Jesus verwendet hat), entstammt der pharisäischen Tradition.

*Vor der Ankunft des Messias wird die Frechheit überhandnehmen und die Teuerung gross sein, der Weinstock wird seine Frucht tragen und der Wein dennoch teuer sein, die Regierung wird der Ketzerei verfallen, und es wird keine Zurechtweisung geben. Das Lehrhaus wird der Unzucht dienen, Galiläa wird zerstört und Gablan (*auf dem Golan*) verödet sein. Die Leute von der Grenze werden von Stadt zu Stadt umziehen und kein Erbarmen finden. Die Weisheit der Gelehrten wird verdorben sein, und die, welche die Sünde scheuen, werden verachtet werden. Die Wahrheit wird fehlen. Knaben werden die Alten beschämen, Alte werden vor den Jungen aufstehen, der Sohn missachtet den Vater, die Tochter steht auf gegen die Mutter, die Schwiegertochter gegen ihre Schwiegermutter, des Mannes Feind sind die eigenen Hausgenossen. Das Geschlecht gleicht dem Hunde, der Sohn schämt sich nicht vor seinem Vater, und auf wen können wir uns stützen? Auf unseren Vater im Himmel!*

Diese Schilderung aus «Mischna Sotha 9,15» [vgl. Micha 7 und Matthäus 10, 36] ist die Darstellung einer Erfahrung, die immer wieder gemacht wird. Eine solche Quelle (die im Talmud weiter diskutiert wird) vermittelt dann den Leuten in einer aktuellen Gefahr immer wieder das Gefühl: «Jetzt sind wir reif, jetzt kommt der Messias». Diese Vorstellung wird im Judentum bis ins 5. Jahrhundert diskutiert, und zwar mit zwei Hauptthesen, die im Traktat «Sanhedrin Pere Chelek» auf mehreren Seiten abgehandelt werden. Die eine lautet: Das Verhalten der Menschen kann bewirken, dass der Messias kommt, die andere: Gott entscheidet, wann der Messias kommt, und wie immer der Mensch auf Erden sich aufführt, es liegt allein in Gottes Hand, ob der Messias erscheint. Ferner stossen wir auf die Vorstellung, dass der Messias am Tor Roms sitzt, gefesselt, zusammen mit armen, verwundeten Menschen: er möchte kommen, kann aber nicht. Schliesslich die chassidische Vorstellung (aus dem 8. Jahrhundert): Wann wird der Messias wirklich kommen? Erst wenn wir bereit sind, ihn aufzunehmen.

Mit der Endzeit verbinden sich somit ganz verschiedene Vorstellungen; die apokalyptischen spielen im Judentum eine wichtige Rolle, wie das Buch Daniel schon in der hebräischen Bibel deutlich macht. Durch die messianische Hoffnung aber bekommt das Leiden einen neuen Sinn. Es ist die Vorbereitung auf eine bessere Welt.

Im 12. Jahrhundert sagt Maimonides (geboren am 30. März 1135 in Cordoba, gestorben am 13. Dezember 1204 in Fustat bei Kairo), der grösste mittelalterliche jüdische Philosoph, in der zwölften seiner dreizehn Grundlehren des Judentums dazu: «Ich glaube aus voller Überzeugung an das Kommen des Messias» – das ist die Aussage eines rationalen Philosophen und zugleich eines Gläubigen –, und weiter: «Obwohl er säumt, warte ich doch jeden Tag darauf, dass er komme.» Maimonides beschliesst seine berühmte Gesetzessammlung, den Codex «Hajad ha-Chasaka» (die starke Hand), mit einer messianischen Vorstellung (es ist der einzige jüdische Codex, der so endet), den «Hilchot Mebachim» (Vorschriften für Könige), worin er ein jüdisches Staatswesen im Land Israel beschreibt, das von einem König aus dem Hause Davids geführt wird. Maimonides gibt auch genaue Gesetze, nach welchen man diesen Staat lenken soll. In seiner Einleitung sagt Maimonides, der als logisch denkender rationalistischer Philosoph manchmal grosse Schwierigkeiten hatte, das Judentum rational darzustellen, dass es in der Natur bzw. in der Welt keinen Unterschied geben werde zwischen der messianischen Zeit und der vorangegangenen; sie werde aber eine Zeit des Friedens sein, und die jüdischen Bürger, die dann im Staate Israel leben würden, könnten sich ganz der Lehre der Thora widmen und so Gott nahe kommen. – Wie das geschehen sollte, darüber bestanden verschiedene philosophische Vorstellungen, die Maimonides in einem anderen Werk beschrieb. Der messianische Glaube war eine Zeit lang ein gefährlicher Glaube, ganz besonders nach der Zerstörung des zweiten Tempels im Jahre 70 unserer Zeit. Denn im Jahre 132 brach im Land Israel der Bar-Kochba-Aufstand aus. Rabbi Akiba glaubte nun, dass Bar Kochba der Messias wäre, aber drei Jahre danach kam nicht nur er selbst ums Leben, sondern auch die Stadt in den Hügeln, Judas Bethar, Bar Kochbas letzter Stützpunkt, wurde von Hadrian zerstört. Daraufhin gelangten die Rabbiner zur Überzeugung, das Messianische sei aus dem politischen Überschwang des Augenblicks gänzlich in die Zukunft zu verschieben; man dürfe nichts tun, um den Messias zu bringen, sondern müsse abwarten.

Jede Art Unterfangen, das Kommen des Messias zu beschleunigen, jeder Versuch, seine Ankunft zu berechnen, ist in den Augen gewisser Rabbiner eine Ketzerei. Aber das grosse Leiden in ihrer Vergangenheit löste in den Juden immer wieder den Wunsch nach einem Messias aus, der das Volk Israel aus seinem Leiden erretten und ins Land der Väter zurückführen werde.

Daraus erwuchs unter anderem eine Bewegung, die sehr berühmt wurde, die des «falschen Messias». Es gab in der jüdischen Geschichte mehrere falsche Messias; der berühmteste war Sabbatai Zwi (1626–1675). Die grausamen Verfolgungen in Polen 1648/49 durch den Kosaken Chmielnitzky mit ihrer grossen Leidenserfahrung (dem entsprechend, was oben aus der «Mischna Sotha» zitiert wurde) und dem Erlebnis des Zusammenbruchs der jüdischen Gesellschaft weckten das Gefühl, jetzt sei es Zeit, dass der Messias komme. Dieser nun war ein gewisser Sabbatai Zwi aus Izmir, der eine Zeit lang in Palästina lebte und auch einen Propheten hatte, Nathan aus Gaza (es gibt auch eine jüdische Geschichte, die mit Gaza verbunden ist und etwas anders aussieht als die moderne). Das Ganze ist aber schliesslich völlig misslungen, denn in einem bestimmten Moment verkündete Sabbatai, er werde nach Konstantinopel ziehen, die Krone des Sultans ergreifen und zum Beherrscher des osmanischen Reiches werden. Er wurde aber sofort ins Gefängnis gesteckt und sah sich vor die Alternative gestellt, entweder hingerichtet zu werden oder zum Islam zu konvertieren. Er zog es vor, ein Muslim zu werden, und dies interpretierten seine Gläubigen als eine Form des Leidens, das dieser Messias auf sich nahm, um dann einmal zurückzukehren und den Frieden zu bringen.

Die messianische Idee im normativen Judentum, wie die Rabbiner sie darstellten, war eine Glaubensvorstellung, welche die Juden in der Diaspora bzw. im Exil festhielt. Sie hatten – und haben – so zwar einen lebendigen Kontakt mit dem Land Israel und mit der Stadt Jerusalem, so beteten sie auch jeden Tag dreimal in die Richtung von Jerusalem gewandt; im Tischgebet nach jedem Essen wird die Erbauung der Stadt als Symbol messianischer Hoffnung erwähnt, aber es durfte beileibe niemand sagen: «Gut, jetzt gehe ich nach Israel», sondern man hatte zu sagen: «Ich bleibe, wo ich bin, und warte, bis Gott mich zurückführt».

Mit der Emanzipation änderte sich die jüdische Existenz radikal, und das fand seinen Ausdruck natürlich auch in der religiösen und in der säkularen Sphäre. In der säkularen Sphäre entstand der Zionismus, eine politische Bewegung, die das messianische Element einbezog; er überführte die

Utopie in ein politisches Programm, und der Staat Israel von heute ist die Realisierung dieses Glaubens. Dieses Phänomen ist mir aus anderen Gesellschaften nicht bekannt. Man muss sich fragen, warum der Zionismus besonders in Osteuropa so viele Juden angezogen hat. Natürlich wurde er auch in Mittel- und Westeuropa sowie in den USA als politische Bewegung des Judentums ernst genommen, doch ohne dass es ständig hiess, man müsse selbst nach Israel gehen. Aber im Osten, in Russland, in Polen, in Rumänien, waren es die Massen, die sich davon angezogen fühlten, weil sie gegen die Einstellung der Religion, die sie im Exil festhielt, rebellierten. Sie verstanden den Zionismus als Alternative, die aus der Religion und der religiösen jüdischen Kultur erwachsen und in ein politisches Programm umgesetzt worden war. Im Zionismus bestanden natürlich verschiedene Strömungen, so gab es religiöse und säkulare Juden. Damit stossen wir in einer Bewegung, die messianische Elemente in sich trägt, wieder auf diese typisch jüdische Dialektik zwischen Säkularem und Religiösem, die dazu führte, dass ein messianisches Programm, mit dem die alten Rabbiner das Volk eigentlich im Exil festhalten wollten, plötzlich in ein politisches Programm mit dem Ziel der Rückkehr ins Land Israel umkippte. Das hat seine Nachwirkung bis heute.

In den liberalen Strömungen des Judentums sprechen wir nicht mehr von einem persönlichen Messias, sondern vielmehr von einer messianischen Zeit, «Tikun Olam», um eine Welt darzustellen, die im Gleichgewicht ist zwischen Mensch und Mensch, Mensch und Natur sowie zwischen Mensch, Natur und Gott. Darin sind wir Partner von Gott. Da wird nicht jemand zu uns geschickt, sondern es gibt von beiden Seiten aus einen Weg: wenn *wir* anfangen, kommt von Ihm eine Antwort. Wenn wir uns zurückhalten, hält auch Er sich zurück. Es gibt eine Art neuer Synthese, die zur ursprünglichen Vorstellung von den Endzeiten zurückkehrt, nun aber mit uns als den Partnern Gottes und ganz bewusst abgestützt auf das Konzept des Bundes zwischen Gott und den Menschen, zwischen Gott und Abraham, zwischen Gott und dem Volk Israel. Andererseits existieren heute im Staat Israel gefährliche Strömungen, die nach der Shoa und der Gründung des Staates 1948 wieder Zeichen der messianischen Zeit erkennen wollen. Es gibt Strömungen in der Orthodoxie in Israel, welche den ganzen Aufbau des Staates Israel in der messianischen Perspektive sehen und sowohl in der Demokratie wie im säkularen Judentum nur ihr Vehikel erblicken, gewissermassen den Esel, der den Messias trägt.

Derartige messianische Vorstellungen gibt es also auch heute wieder. Die Idee des Messianismus, die das Volk Israel lange ruhig im Exil gehalten hat, veränderte sich, wie wir sahen, und nun gibt es wieder eine neue Erscheinungsform, eine orthodox-radikale Reaktion gegen den Zionismus, eine Kettenreaktion im Wandel eines Messianismus, der zwar immer positiv dachte, aber die Leute nicht zum Handeln bewegte. Jetzt, wo das jüdische Volk ins Land Israel zurückgekehrt ist, entstehen wieder neue Vorstellungen, und der Ausgang dieses Ringens ist noch offen. Diese Überlegungen sind sehr kräftig, enthalten immer auch politische Faktoren und wirken sehr dynamisch.

Zum Schluss sei ein Wort des israelischen Schriftstellers Amos Oz betont: Jede Darstellung des Messianismus, die ihn auf die Gegenwart bezieht, ist Götzendienst. Man darf den Wunsch nach der messianischen Zeit nur in Worte fassen, die ihn klar als etwas Zukünftiges erweisen. Wenn die Zeit da ist, werden wir alle den wahren «Schalom» spüren.

Literaturhinweise:

Ben-Chorin, Schalom: Jüdischer Glaube, Tübingen ^{2}1979, bes. S. 277–298

ders.: Betendes Judentum, Tübingen 1980, bes. S. 100–117

Silver, Abba Hillel: A History of Messianic Speculation in Israel, 1927

Scholem, Gershom: Sabbatai Zwi. Der mystische Messias, Frankfurt a. M. 1992, S. 30ff.

Talmud Babli: Sanhedrin 96b–99a. In deutscher Übersetzung: Goldschmidt, Lazarus: Der Babylonische Talmud 9, Berlin 1934, S. 63 Abschnitt 2 – S. 76 Abschnitt 1.

Ernst Tremp

Das Jahr Tausend in der europäischen Geschichte: Endzeitangst oder Neubeginn?

Vier schwarze, mit schwarzem Trauerzeug über und über bedeckte Rosse zogen einen gewaltigen, auf hohen Rädern stehenden Wagen (...); auf diesem war ein bühnenartiges Gerüst aufgeschlagen, das wie der ganze Wagen auf allen Seiten ebenfalls mit schwarzen Tüchern behangen war. In den vier Ecken des langgestreckten breiten Wagens (...) standen vier Mönche in schwarzen Kutten mit weithin hallenden ehernen langen Posaunen in den Händen, in der Mitte aber, sie alle überragend, ein fünfter riesenhafter Mönch (...). In der Rechten trug er eine lang hinwallende schwere Fahne von schwarzer Wolle, in welche mit weisser Farbe plump ein Totenkopf über zwei geschrägten Knochen gemalt war; alle fünf sangen in schauerlichen Tönen, nach den Weisen eines römischen Grabgesangs, ein Lied (...):

Hört ihr die Posaunen dröhnen
Und der Bussgesänge Chor?
Wehe, weh euch, Adams Söhnen:
Euer Ende steht bevor!

Wann des Sommers Sonne wendet,
Bricht der Jüngste Tag herein:
Unter geht die Welt und endet,
Und euch droht die ew'ge Pein.

Auf den Wolken kehrt hernieder
Fürchterlich des Menschen Sohn,
Rauschend Cherubingefieder
Schwirrt um seinen Richterthron. (...)

Felix Dahn (1834–1912) ist der Dichter dieses romantisch-grausigen Untergangs-Spektakels. Das Gedicht steht in seinem Roman «Weltuntergang. Geschichtliche Erzählung aus dem Jahre 1000 nach Christus».[1] Die Vorstellung von den Schrecken der Jahrtausendwende ist das Produkt der Phantasie dieses dichtenden Geschichtsprofessors und Schöpfers vielgelesener historischer Romane in der 2. Hälfte des 19. Jahrhunderts. Dahns berühmtestes Werk, «Ein Kampf um Rom», zählt bis in unsere Zeit zum Lesestoff gebildeter Kreise. Mit seinen Vorstellungen von einer Furcht und Schrecken einjagenden Weltuntergangs-Stimmung an der ersten Jahrtausendwende stand Dahn nicht allein. Im französischen Kulturraum war es vor allem Jules Michelet (1798–1874), der in düsteren Farben ein Untergangs-Szenario entwarf: Unwetter, Seuchen und Hungersnöte seien dem Jahr Tausend vorangegangen, zitternd vor banger Erwartung und voll Hoffnung auf Erlösung von ihrem traurigen Erdenschicksal zugleich hätten die Massen dem Weltuntergang und dem Anbruch des Jüngsten Gerichts entgegen gefiebert.[2]

Hat es die Schrecken des Jahres Tausend gegeben? Oder, wenn wir die Frage weiter fassen: Wie erfuhren die Menschen den damaligen Millenniums-Übergang? War ihnen überhaupt bewusst, in welchem Jahr der christlichen Zeitrechnung sie gerade lebten? Und welche Vorstellungen besassen sie von ihrer Welt, von deren räumlichen und zeitlichen Dimensionen? Besass das Jahr Tausend nach Christi Geburt innerhalb des christlichen Weltbildes die magische, schicksalhafte Bedeutung, die Michelet oder Dahn ihm so suggestiv zugeschrieben haben und die heute, am Vorabend des zweiten Millenniums, in der Vorstellung so mancher Leute wiederkehrt? Dieser Fächer von Fragen führt mitten hinein in das Thema der Ringvorlesung über «Zeitenwenden aus historischer Sicht».

Wir werden das Thema in drei Schritten behandeln: Zunächst fragen wir nach dem System (oder nach den Systemen) der Jahresberechnung, die damals in Gebrauch waren. Danach werden das Weltbild, welches Gebildete und weniger Gebildete, Kleriker und Laien vor tausend Jahren hatten, die Weltordnung und die Finalität der Schöpfung zu besprechen sein. Im dritten und letzten Teil suchen wir nach den Auswirkungen einer verdichteten Endzeiterwartung auf das religiöse Leben und die gesellschaftlichen Verhältnisse, um schliesslich eine Antwort auf die im Titel formulierte Frage zu versuchen: Hat an der Wende vom 10. zum 11. Jahrhundert etwas Neues begonnen, ein tiefgreifender gesellschaftlicher Wandel stattgefunden?

Weit über das christlich geprägte Abendland hinaus, ja weltweit gilt heute die Jahreszählung nach der christliche Ära, beginnend mit dem Jahr von Christi Geburt. Uns ist diese Bezeichnung der Jahre so geläufig und selbstverständlich, dass wir uns nur schwer vorstellen können, es könnte einmal anders gewesen, die christliche Zeitrechnung könnte nicht immer und nicht schon von Anfang an in Gebrauch gewesen sein. Die Berechnung des Geburtsjahrs Jesu verdanken wir einem Gelehrten am Übergang von der Spätantike zum Mittelalter: dem im frühen 6. Jahrhundert in Rom lebenden skythischen Mönch Dionysius Exiguus (um 500–540). Dionysius stellte chronologische Berechnungen an, um den Ostertermin, der bekanntlich Jahr für Jahr wechselt, festzulegen. Im Vergleich zu früheren Berechnungen war neu an seinem System, dass Dionysius die Jahre in seiner Ostertafel als Erster mit Christi Geburt beginnen liess und dieses Jahr von Christi Geburt mit dem Jahr 754 der römischen Zeitrechnung «ab urbe condita» (seit der Gründung Roms) gleichsetzte. Damit steht er am Anfang der christlichen Zeitrechnung, auch wenn diese erst Jahrhunderte später allgemein in Gebrauch kam. Die Jahreszählung «ab incarnatione Domini» (seit der Geburt des Herrn) sollte dann vor allem durch die chronologischen und historischen Werke des angelsächsischen Gelehrten Beda Venerabilis (670/73–735) in Europa allgemeine Verbreitung finden.

Leider aber hatte Dionysius Exiguus dabei die Geburt Christi um mehrere Jahre zu spät angesetzt. Dies wussten die gebildeten Zeitgenossen des ausgehenden 10. Jahrhunderts. Sie bemühten sich in schwierigen Berechnungen um Korrektur, nicht zuletzt angeregt durch Spekulationen über die bevorstehende Endzeit. Namentlich hervorzuheben sind die komputistischen Studien Abbos von Fleury (um 940–1004). Abbo errechnete eine Abweichung gegenüber der gängigen Jahreszählung um 21 Jahre; demnach wären tausend Jahre nach Christi Geburt bereits im Jahr 979 und tausend Jahre nach dessen Tod im Jahr 1012 erreicht worden. Abbos Verbesserung fand in gelehrten Kreisen rasch Anerkennung, später griff etwa Siegebert von Gembloux (um 1030–1112) wieder darauf zurück.

Andere schlugen einen anderen Beginn unserer Zeitrechnung vor: So verlegte Abt Heriger von Lobbes († 1007) den Tod Christi in das Jahr 42, verschob die christliche Ära also um neun Jahre nach vorne. Unter den damaligen Fachleuten bestand offensichtlich eine grosse Unsicherheit über die richtige Zählung. Ausserdem schwankte man zwischen dem Geburts-

und dem Todesjahr Christi als Beginn des neuen Zeitalters. Die Historiker dürfen infolgedessen ihr Augenmerk nicht allein auf das Jahr Tausend der heutigen Zählung richten – schon gar nicht auf den 1. Januar als Stichtag oder, wie Felix Dahn, auf die mythische Sommersonnenwende am Johannisfest (24. Juni). Vielmehr ist mit einer grösseren Zeitspanne von etwa 979 bis gegen die Mitte des 11. Jahrhunderts zu rechnen.

Ausserhalb des Kreises von komputistisch geschulten Gelehrten blieb freilich die dionysische Zählung schon aus praktischen Gründen unangefochten in Geltung. Ihrer bedienten sich beispielsweise die Geschichtsschreiber. In der im früheren Mittelalter besonders häufigen Gattung der Annalen bildeten die Inkarnationsjahre die Gliederungsstruktur der einzelnen «Jahres»-Berichte. Daraus dürfen wir schliessen, dass man sich im monastisch-kirchlichen Milieu, dort eben, wo die schriftliche Kultur in erster Linie heimisch war, der Jahrtausendschwelle durchaus bewusst war.

Wie verhält es sich aber mit dem weltlichen Bereich? In welchen Jahreskategorien «dachte» man an Herrscherhöfen, im Adel, beim einfachen Volk? Für die Spitze der weltlichen Macht lässt sich die Sachlage leicht erhellen. Betrachten wir die Urkunden, die von der Reichskanzlei unter Otto III. (996–1002), dem römischen Kaiser der Jahrtausendwende, ausgestellt wurden. Das Inkarnationsjahr bildet hier neben anderen Elementen der Datierung, neben der Indiktionszählung (Jahreszählung auf der Basis des römischen Steuerzyklus) und den Regierungsjahren als König und als Kaiser, einen festen Bestandteil der Datumszeile in den Urkunden. Nicht weniger als 37 Kaiserdiplome mit der Angabe «anno dominicae incarnationis M» sind überliefert.[3] Dagegen wird man einwenden, die Ausfertigung einer Urkunde sei Sache des Kanzlers und seiner Mitarbeiter gewesen, die alles Geistliche waren. Doch auch der Herrscher selbst war materiell daran beteiligt, indem er jeweils ganz zuletzt das Diplom mit einem autographen Zeichen, dem sogenannten Vollziehungsstrich im Monogramm, beglaubigte. Die gleiche Feststellung lässt sich für die Königreiche im post-karolingischen Westeuropa machen. Die Kanzlei des letzten hochburgundischen Königs Rudolf III. (993–1032), zu dessen vergleichsweise bescheidenem Herrschaftsgebiet die westliche Hälfte der heutigen Schweiz gehörte, ist mit einigen wenigen Urkunden des Inkarnationsjahrs Tausend vertreten.[4]

Sobald wir indessen andere Urkunden-Gruppen in die Untersuchung einbeziehen, ändert sich das Bild. Die päpstliche Kurie in Rom stützte sich ganz wider Erwarten nicht auf die Jahreszählung der christlichen Ära! Auch unter dem Papst der Jahrtausendwende, Sylvester II. (999–1002), dem früheren Mönch und Gelehrten Gerbert von Aurillac, folgte die römische Kanzlei einem traditionellen, in der Spätantike etablierten Datierungssystem; dieses gibt neben den Pontifikatsjahren des Papstes nur die Regierungsjahre des Kaisers an. Desgleichen war das Inkarnationsjahr entbehrlich bei den weniger formalisierten Urkunden lokaler Institutionen wie Bistümern und Abteien[5] oder bei den Urkunden privaten Rechts, die aus jener an Quellen armen Zeit allerdings sehr spärlich überliefert sind. Anstelle der Jahreszahl genügte das Regierungsjahr des Königs, unter dessen Herrschaft ein Gebiet stand. Je weiter man sich von der Spitze der weltlichen Macht und von der institutionellen Schriftlichkeit ihrer Kanzleien entfernt, sich hinunter begibt bis an die Grenzen zum schriftlosen Raum, desto häufiger begegnen als Datierungselemente nur noch die Regierungsjahre des Königs, allenfalls ergänzt durch die Namen seiner örtlichen Statthalter, des Herzogs oder des Grafen. Offenbar war das an der Abfolge der Herrscher messbare Zeitsystem geläufiger, praktikabler, kleinräumig leichter wahrnehmbar als die abstrakte, endlose Addition von «Jahrringen», beginnend mit der fernen Geburt Christi.

Was für die staatlichen und kirchlichen Amtsträger, für Klerus und Adel galt, wird um so mehr beim schriftlosen Volk gegolten haben. Das Wissen um die Zeit dürfte sich bei ungebildeten Menschen beschränkt haben auf ihren Erfahrungshorizont, der vielleicht bis zur Herzogspfalz und zur Bischofsstadt, vielleicht auch nur zum nächstgelegenen Herrenhof, zum Pfarrdorf und zu den Nachbarsiedlungen reichte. Einige mochten wissen, wie der amtierende Herzog und wie der König hiessen und seit wann dieser regierte. Kaum einem jedoch wird von sich aus das Inkarnationsjahr, in dem er gerade lebte, geläufig gewesen sein.

Sollte um die Jahrtausendwende weit herum eine gesteigerte Endzeiterwartung vorhanden gewesen sein, so konnte eine solche jedenfalls nicht wie eine Grundwelle vom Volk ausgehen. Es brauchte dazu den Anstoss von aussen; den Gläubigen mussten die Augen geöffnet werden, damit sie das Herannahen der eschatologischen Endzeit und deren Vorboten erkannten. Die Seelen vor dem drohenden Abgrund zu retten, die Menschen zu Umkehr und Busse aufzurufen, dies war Aufgabe der Kirche, ihrer Amtsträger oder allenfalls auch selbsternannter Propheten und Prediger. Gibt es am Ende des ersten Millenniums Anzeichen für verstärkte Bemühungen, die Christen aufzurütteln? Gibt es Hinweise auf Predigtzüge, wie sie Felix Dahn in so schauerlichen Farben gemalt hat? Bevor wir uns einigen Zeugnissen zuwenden und sie zu interpretieren versuchen, sind im zweiten Teil die Rahmenbedingungen vorzustellen, die den gesellschaftlichen, mentalen und geistigen Raum der abendländischen Christenheit am Ausgang des ersten Jahrtausends bestimmten.

Das Weltbild der Jahrtausendwende

Die Erde besass nach allgemeiner Auffassung die Gestalt einer Scheibe. Ein Mönch des an der Loire gelegenen Klosters Fleury stellte sie zur Zeit des Abtes Abbo, also um das Jahr Tausend, in einer Weltkarte («Mappa mundi») in Bild und Begleittext folgendermassen dar[6]: Die Erde ist wie eine Insel ringsum von Ozeanen umgeben. Die bewohnbaren Gebiete befinden sich in den klimatisch gemässigten Zonen in der nördlichen und südlichen Hemisphäre. Dazwischen liegt, überall von Ozeanen umflossen, ein breiter, wegen seiner brennenden Hitze unbewohnbarer Gürtel. Der südliche Drittel ist als «terra incognita» weiss geblieben. Auf dem nördlichen, bewohnten Drittel drängen sich hingegen alle damals bekannten Gebiete der Erde zusammen. Ich nenne die in die Karte eingetragenen Namen: *Europa, Rifei, Scithia, Caspium, Euxinus* (Schwarzes Meer), *Meotis, Hispania, Arabia, Italia, Asia major, Asia minor, Africa, Persicus sinus;* Inseln im Mittelmeer: *Gades* (Cadiz?), *Corsica, Sicilia, Creta, Ciprus;* Inseln im nordwestlichen Ozean: *Hibernia* (Irland), *Britannia* (Grossbritannien), *Tile* (Thule/Island).

Hinter dieser Darstellung der Erde ist zunächst nicht eine theologische Vision der Welt zu suchen. Das Bild, dessen Vorlage vom spätantiken Geographen Macrobius (um 400) stammt, diente primär dem Unterricht in Klosterschulen. Hier wurde innerhalb der naturwissenschaftlichen Fächer des Quadriviums auch die Weltkunde gelehrt. Jenseits der Klostermauern, ausserhalb der gelehrten Kreise war das Wissen um die geographische Beschaffenheit der Erde ohne Zweifel viel weniger differenziert – obwohl es immer wieder erstaunt, wie gut Fernwallfahrer sich zurechtfanden, wie sicher Heiliglandpilger ihren Weg in den Orient fanden.

Die «Mappa mundi» aus Fleury darf als Zeugnis intellektueller Beschäftigung mit der Gestalt der Erde, dem Wohnraum der lebenden Schöpfung, betrachtet werden. Ihr Weltbild ist nicht, noch nicht, auf Jerusalem als Mittelpunkt ausgerichtet. Ebenso bildet Europa nicht den Nabel der Welt, sondern nimmt geographisch korrekt den nordwestlichen Raum ein. Allein die überproportional grosse Schrift verrät, dass der Name

«Europa» als Oberbegriff für den wichtigsten Erdteil aufzufassen ist; ihm sind die übrigen Gebiete zugeordnet, wenn nicht sogar rangmässig untergeordnet.

Der Vorrang Europas findet in der Staats- und Herrschaftsauffassung ihre Entsprechung. Seit der Krönung Karls des Grossen an Weihnachten 800 in Rom setzte sich das römische Kaisertum im Westen fort, zunächst innerhalb der karolingischen Dynastie, seit der Kaiserkrönung Ottos I. im Jahr 962 innerhalb der sächsischen Dynastie, die an der Spitze des deutschen Reiches stand. Der Kaiser des Millenniums war, wie bereits erwähnt, der jugendliche Otto III. Geboren im Jahr 980 als Sohn Ottos II. und der Kaiserin Theophanu, einer byzantinischen Prinzessin, war Otto nach langer Regentschaft seiner Mutter und zuletzt seiner Grossmutter, der Kaiserin Adelheid, im Mai 996 in Rom zum Kaiser gekrönt worden.

Zwei idealisierende Herrscherdarstellungen aus jenen Jahren sind erhalten; sie bringen die politische Konzeption des abendländischen Imperiums sehr schön zum Ausdruck. Die eine von ihnen befindet sich im Evangeliar Ottos III. (heute in der Bayerischen Staatsbibliothek in München aufbewahrt), das um 998 wahrscheinlich im Kloster Reichenau im Bodensee entstanden ist.[7] Das doppelseitige Huldigungsbild (Abb. 1 A und B) zeigt auf der rechten Seite den thronenden Kaiser. Dessen Herrschaft ist symbolisch dargestellt in der Krone, dem Adlerszepter und der Goldkugel («Sphaira») als Sinnbild für die Welt. Szepter und Sphäre werden von zwei Bischöfen (links) und zwei weltlichen Würdenträgern (rechts) gestützt. Das Bild auf der gegenüberliegenden linken Seite zeigt vier Frauengestalten, die dem Herrscher in demütiger Haltung ihre Tribute darbringen. Es sind die personifizierten Provinzen («gentes») des Reiches: (von rechts nach links) Roma, Gallia, Germania und Sclavinia. Den ersten Rang unter ihnen nimmt Rom ein – ganz im Sinne der römischen Erneuerungsidee, die im Mittelpunkt des politischen Denkens des Kaisers stand. «Renovatio imperii Romanorum», Erneuerung des römischen Reiches, lautete die Devise auf der Bleibulle, die zur Beglaubigung an die Kaiserdiplome Ottos III. angebracht wurde. Zum ersten Mal erscheint dieses Siegel übrigens an einer Urkunde von 998 für das Kloster Einsiedeln.[8]

Nicht die Wiederherstellung antik-römischer Verhältnisse, wie die Forschung bis vor kurzem angenommen hat, war die Intention der «Renovatio». Vielmehr bringen das Widmungsbild des Evangeliars und die Devise auf der Bleibulle die Rückbesinnung des Kaisertums auf seine christlich-spätantiken, byzantinischen und karolingischen Wurzeln zum Ausdruck.

Abbildung 1 B

Huldigungsbild aus dem Evangeliar Ottos III.: Die vier Provinzen Sclavinia, Germania, Gallia und Roma huldigen dem Kaiser. Reichenauer Buchmalerei, Ende 10. Jh. München, Bayerische Staatsbibliothek, Clm 4453, fol. 23v.

Abbildung 1 A

Huldigungsbild aus dem Evangeliar Ottos III.: Der Kaiser, thronend zwischen je zwei geistlichen und weltlichen Würdenträgern. Reichenauer Buchmalerei, Ende 10. Jh. München, Bayerische Staatsbibliothek, Clm 4453, fol. 24r.

Gerbert von Aurillac, damals noch nicht Papst Sylvester II., pries Anfang 998 die Kaiserherrschaft Ottos in begeisterten Worten: *Kräfte spendet das früchtereiche Italien, das wässerreiche Gallien und Germanien, und nicht fehlen uns die tapferen Reiche der Skyten (...). Unser Kaiser der Römer und Augustus bist du, o Caesar, der du aus dem edelsten Blut der Griechen stammst, der du an Macht über die Griechen obsiegst, den Römern kraft Erbrechts befiehlst und beide durch Geist und Beredtsamkeit überragst*.[9] In der Herrschaft und Gestalt des jugendlichen Kaisers schien sich das Kaisertum zu vollenden. Nachdem dann noch im April 999 Otto seinen väterlichen Freund und Lehrer Gerbert zum Papst hatte wählen lassen, schien die christliche Ära vollends ihrem Höhepunkt entgegenzugehen.

Sollte dies auch ihr Endpunkt sein? Tatsache ist, dass Otto III. fast für den ganzen Rest des Jahres 999 in Rom residierte – abgesehen von einer Bussreise auf den Monte Gargano zum Heiligtum des Erzengels Michael, des endzeitlichen Siegers über den Antichrist und Weltgerichts-Engels. In Rom traf Otto mit dem Bau einer Pfalz Vorkehrungen für eine dauerhaftere Residenz. Um Pfingsten des darauffolgenden Jahres Tausend pilgerte der Kaiser nach Aachen zum Grab Karls des Grossen, wo er vor dem geöffneten Grab betete. Ungewöhnliche, symbolträchtige Handlungen des höchsten Herrschers im Abendland, die man als Zeichen einer unmittelbaren Naherwartung des Weltendes deuten könnte. Im gleichen Zusammenhang stehen auffällige Hinweise in zwei Kaiserurkunden von 999 und 1000 auf das Feuer und die Schrecken des Jüngsten Gerichts, die man neuerdings als Eigendiktat des Kaisers betrachtet.[10] Ohne in diesem Punkt Gewissheit zu erlangen, dürfen wir (mit Johannes Fried) festhalten, dass kein Kaiser vor oder nach dem jugendlichen Otto III. «sich in vergleichbarer Weise mit Apokalyptik umgeben, (...) sich nachhaltiger dem bangen Warten auf das Ende hingegeben» hat.

Worauf gründete denn die Naherwartung um das Jahr Tausend, welches geschichtliche Weltbild lag ihr zugrunde? Grundsätzlich ist vorauszuschicken, dass nach christlicher Auffassung die Welt ein Ende hat, ein Ende haben muss, genau so, wie sie als Schöpfung Gottes einst einen Anfang gehabt hatte. Die Vorstellung, dass die Welt ewig fortbestehen würde, ist diesem Denken fremd; sie begegnet im Abendland nur vereinzelt, erst mit der Verbreitung aristotelischen Gedankenguts im 13. Jahrhundert, und galt als Häresie. Für eine eschatologische Religion wie das Christentum, das in hohem Masse auf das Ende der Zeiten, die Ankunft des Gottesreiches und die Erlösung der Schöpfung hin angelegt ist, war daher entscheidend nicht die Frage nach dem «dass», sondern nach dem «wie» und vor allem nach dem «wann».

In der Karolingerzeit wurde die Lehre vom Weltende und vom Jüngsten Gericht aktualisiert. Das Volk sollte durch Predigt über die künftigen Schrecken belehrt und zu guten Werken angehalten werden. Über den Zeitpunkt blieb man jedoch unwiderruflich im Ungewissen, galt doch das Herrenwort aus Matth. 24, 36: *Niemand weiss den Tag und die Stunde, nicht einmal die Engel des Himmels, sondern allein der Vater.* Dieses lähmende Unwissen über das Eintreffen der Endzeit dürfte weniger das einfache Volk gequält haben als die Gelehrten. Sie wussten um die widersprüchlichen exegetischen Traditionen, sie waren hin- und hergerissen zwischen der Versuchung scharfsinniger Berechnungen und dem Einspruch des Herrenwortes im Matthäus-Evangelium. Gerade die «hellsten Köpfe» waren gefordert, in der verwirrenden Überlieferung biblischer und patristischer Texte einen Weg zu bahnen, um der geheimnisvollen inneren Uhr der Schöpfung vielleicht doch noch auf die Spur zu kommen.

Als jemand in Sorge um die Endzeit Rat suchend sich an den Eremiten und Theologen Petrus Damiani (1007–1072) wandte, antwortete ihm dieser: *Weil du nach dem Gerichtstag und nach dem Antichrist fragst, so lies das Buch des hl. Augustinus ‹De civitate Dei› und die Auslegungen des hl. Hieronymus zum Propheten Daniel, auch die ‹Apokalypse› mit ihren Kommentaren.*[11] Unter den verschiedenen Auslegungen des in biblischen Büchern enthaltenen eschatologischen Wissens haben die Lehre des Kirchenvaters Augustinus (354–430) von den sieben Zeitaltern der Schöpfung, analog zu den sieben Tagen der Schöpfungsgeschichte, und die Lehre von den vier Weltreichen nach der Vision des Propheten Daniel (Dan. 2, 31–45) bei weitem die nachhaltigste Wirkung auf das Abendland ausgeübt. Nach beiden Erklärungsmodellen ist mit der Geburt Christi das letzte Weltalter angebrochen. Dessen Ende werde gemäss der Johannes-Apokalypse durch die Wiederkunft Christi und durch das Ende der Geschichte überhaupt herbeigeführt. Das letzte Weltalter, worunter man das römische Reich mit seinen verschiedenen Translationen bis zum abendländischen Imperium verstand, werde daher bis zum Anbruch des himmlischen Jerusalem fortbestehen.

Nach der Apokalypse bricht das Ende mit dem Auftreten des Antichrist an, der nach tausend Jahren entfesselt und die Welt heimsuchen werde (Abb. 2). Für jeden Versuch, das bevorstehende Weltende zu datieren, worin der eigentliche Sinn universalhistorischer Deutungen lag, kam der Interpretation der angegebenen Zeitspanne von tausend Jahren entscheidende Bedeutung zu. Im jüdisch-christlichen Denken war Tausend primär ein Symbol für die Vollkommenheit; diese Zahl bildete die grösste verwendete Rechnungseinheit und besass, als Masseinheit für die Zeit verstanden, kosmologische Dimensionen. Augustinus wie Hieronymus oder Beda Venerabilis interpretierten daher in ihren Bibelkommentaren die Zahl als Zeitraum der Vollendung, als unübertreffbares Mass für die Ankunft des himmlischen Jerusalem und das Ende der Geschichte.

Es konnte nicht ausbleiben, dass, je näher die Jahrtausendwende heranrückte, desto häufiger Menschen versucht waren, die Zahlenangaben in der Apokalypse im mathematisch genauen Sinn aufzufassen. Eines der seltenen direkten Zeugnisse für diese Art von Millenarismus ist durch Abbo von Fleury überliefert. In seinem an den westfränkischen König gerichteten Traktat «Apologeticus» berichtet Abbo, dass er als junger Mann einmal in einer Pariser Kirche eine Predigt gehört habe, worin den Gläubigen das Kommen des Antichrist angekündigt worden sei, sobald das Jahrtausend erfüllt wäre, und wenig später würde diesem das Jüngste Gericht folgen. Abbo wehrte sich gegen solchen Aberglauben ebenso entschieden wie gegen die in Lothringen kursierende Berechnung, dass die Welt genau an jenem Tag untergehen würde, da das Fest Mariä Verkündigung (25. März), der Anfang der Schwangerschaft der Gottesmutter, mit dem Karfreitag, dem Tod Jesu, zusammenfallen würde.[12] Eine solche Koinzidenz war in den Jahren 970 und 981 eingetreten, ohne dass sich damals etwas Aussergewöhnliches ereignet hätte. Das nächste Mal würden die beiden Festtage im Jahr 1065 auf den gleichen Tag fallen ... Angesichts solcher schwer auszurottender Weltuntergangs-Ängste empfahl Abbo von Fleury seinem König, eine Synode einzuberufen.

Weit herum war man zur Überzeugung gelangt, dass die Welt alt geworden sein («mundus senescit»). Aufmerksam und besorgt wurden die Anzeichen des Verfalls in der Natur und in der menschlichen Gesellschaft registriert. Schon der karolingische Bischof und Dichter Theodulf von Orléans (um 760–821) hatte festgestellt, dass Sonne und Mond schwächer leuchteten, die Fruchtbarkeit der Erde schwinden, die menschlichen Sitten entarten und nur das Böse anschwellen würde. Inzwischen hatten die Einfälle der Ungarn vom Osten her, der Sarazenen vom Mittelmeer her und der Normannen bzw. Wikinger oder Dänen von Norden her den Lebensraum der europäischen Völker zu bedrohen begonnen. Zu den immer wiederkehrenden Sonnenfinsternissen und Kometenerscheinungen, die regelmässig Weltuntergangsängste weckten, gesellten sich Seuchen, Unwetter und neue, unbekannte Naturphänomene. In Aquitanien ging drei Tage lang Blutregen nieder, haftete auf der Haut und den Kleidern und liess sich nur mit Mühe abwaschen. Der von seinem Herzog darüber umgehend informierte westfränkische König Robert der Fromme (987/96–1031) wandte sich erklärungs- und ratsuchend an mehrere Gelehrte. Sollten solche Zeichen den Tod des altersschwachen Saeculums, das Ende der Zeiten ankündigen?[13]

Für Erzbischof Wulfstan von York († 1023) gab es keine Zweifel: Die Zeichen des Bösen verdichteten sich, die Welt näherte sich ihrem Ende. Alle gottwidrigen Zeichen seiner Zeit, die zu Zeichen der Endzeit geworden seien, listete der Erzbischof auf: Steuern (!), entlaufene Hörige, Vergewaltigungen, die Einfälle der Dänen usw. Die Zeit dränge, jeder solle die herannahende Gefahr erkennen und sich retten.[14] Ähnliche Zeugnisse der Naherwartung können aus dem schweizerischen Raum angeführt werden. Nach Notker dem Deutschen von St. Gallen (um 950–1022) habe die Kraft des römischen Reiches, das mit dem letzten Weltalter gleichzusetzen ist, stetig abgenommen: *Sô ist nû zegangen Romanum imperium.* Nun stehe die Herrschaft des Antichrist bevor, und dann drohe die Ankunft des Herrn mit dem Jüngsten Gericht, dem *sûonetágo.* Notker scheint zutiefst betroffen, dass gerade zu seinen Lebzeiten Ende und Weltgericht zu erwarten seien.[15] Ein Zeugnis gleicher Betroffenheit findet sich am anderen Ende der Schweiz, beim alternden König Rudolf III. von Hochburgund. In einer Urkunde von 1031 bekennt er: *Wir sehen den Untergang dieser sinkenden Welt vor uns und erwarten in Furcht das Ende allen Fleisches.* Dem düsteren Bild fügte Rudolfs Gemahlin Ermengard in einer anderen Urkunde von 1030/1032 noch die Zeichen hinzu, die das nahe Weltgericht ankündigten.[16]

Beklommenheit und Angst scheinen zum Signum der Epoche geworden zu sein. Ihren bildhaften Ausdruck finden sie in Illustrationen der Apokalypse (Abb. 2), in Darstellungen des Jüngsten Gerichts. Zunächst sind solche Bilder in Handschriften enthalten und damit dem exklusiven Kreis ihrer geistlichen, aber auch weltlichen Besitzer vorbehalten. Ein berühmtes Beispiel stammt wiederum aus dem Skriptorium des Klosters Reichenau: die Weltgerichtsdarstellung in der kurz nach Tausend vielleicht bereits für Kaiser Heinrich II. (1002–1024) angefertigten sogenannten Bamberger Apokalypse[17] (Abb. 3). Jetzt begannen aber verantwortungsbewusste Kirchenmänner wie der Erzbischof von Bourges, Gauzlin von

Abbildung 2

Plagen, die nach der Beschreibung der Johannes-Apokalypse die Menschheit zum Weltende heimsuchen (Apoc. 8 f.).
Apokalypsenkommentar des spanischen Mönchs Beatus von Liebana (†um 800).
Handschrift frühes 11. Jh., Paris, Bibliothèque Nationale, Ms. lat. 8878, fol. 145v.

Abbildung 3

Bamberger Apokalypse, Weltgericht, Bamberg, Staatsbibliothek, Ms. Bibl. 140, fol. 53r.

Fleury († 1030), auch damit, Kirchen mit Bildern der Apokalypse zu schmücken. Nicht mehr nur die geistliche und weltliche Elite, sondern das gesamte zum Gebet versammelte Volk der Gläubigen sollte durch die Kirchenwände an die kommenden Ereignisse gemahnt werden. Das Gerichtsbild wurde immer mehr in den Mittelpunkt der Glaubensverkündigung und des religiösen Lebens gerückt. Immer mehr Menschen wurden im Vergleich zu früheren Zeiten durch Bild und Predigt über die letzten Dinge informiert. Die Aktualität des Jüngsten Gerichts, die Angst des Sünders vor der ewigen Verdammnis der Hölle und die Appelle an die Bussgesinnung konnten nicht ohne längerfristige Wirkung bleiben.

Auswirkungen auf das religiöse und gesellschaftliche Leben

Religiös motivierte kollektive Angst und banges Erwarten des Weltendes führten nicht unbedingt zu Untätigkeit oder gar zu lähmendem Entsetzen. Angst im Nacken treibt vielmehr an, die gewährte Frist zu nutzen, vom schlechten Weg abzugehen und Gutes zu tun. In diesem Sinn ermahnten Bischof Wulfstan von York und andere Seelenhirten die Gläubigen, die kostbar gewordene Zeit vor dem baldigen Kommen des Weltenrichters nicht ungenutzt verstreichen zu lassen: Die Zeit ist flüchtig, sie zerrinnt immer rascher. Der Druck auf die Menschen, die sich ihrer Sünden bewusst geworden waren, nahm entsprechend zu.

Eine erste Antwort darauf fand das Mönchtum. In Aquitanien, Burgund und Lothringen und vor allem im Einflussbereich des burgundischen Klosters Cluny erscheint die monastische Erneuerung geradezu als Folge der eschatologischen Naherwartung und Heilsgewissheit. Das Reformmönchtum nahm in dieser Zeit einen grossen Aufschwung. Zahllose Männer (und Frauen) zumeist adeliger Herkunft sahen in der «via perfectionis» des mönchischen Lebens den Weg ins Himmelreich. Die unter Abt Odilo von Cluny (994–1049) redigierten Gebräuche («consuetudines»), die das Leben und Zusammenleben im Grosskloster bis in Einzelheiten verbindlich regelten, hatten den programmatischen Titel «Liber tramitis» («Buch des rechten Pfades»). In einer Predigt auf Odilos Vorgänger, Abt Majolus (948–994), verglich Aldebald von Saint-Germain d'Auxerre die Mönche von Cluny mit den 144000 Erwählten, die nach der Johannes-Apokalypse dem Lamm folgten und deren Visio dem Endgericht vorausgeht (Offb. 14, 3; 14ff.).[18]

In der Tat steigerte Cluny die mönchische Lebensform zu bisher nicht erreichter Perfektion. Den geistlichen Mittelpunkt bildete der immer feierlicher und aufwendiger gestaltete Gottesdienst – eine grossartige Inszenierung von Lichterglanz, Prozessionen in wallenden Gewändern und feierlichem Gesang, in Kirchen von architektonisch und künstlerisch unübertroffener Qualität. Es brauchte nicht viel Vorstellungskraft, um darin ein Abbild und eine Vorwegnahme des himmlischen Jerusalem zu erblicken. Cluny, dem «Licht der Welt», schenkte Kaiser Heinrich II. den goldenen Reichsapfel, den ihm der Papst bei seiner Kaiserkrönung 1014 überreicht hatte. Er tat dies, wie der Mönch und Geschichtsschreiber Radulf Glaber († wohl 1047) berichtet, weil die Mönche von Cluny *den Pomp der Welt mit Füssen treten und dem Kreuz des Erlösers um so entschlossener folgen.*[19] Die Goldkugel als Sinnbild für die Welt wurde mit anderen Zeichen des universalen Herrschaftsanspruchs, die Heinrich II. ebenfalls geschenkt hatte, Szepter, Reichskrone und Reichskreuz, in Cluny an Hochfesten in feierlicher Prozession mitgetragen.

Cluny war das Vorbild. Der von den mönchischen «Heerscharen» dem höchsten Herrn der Welt dargebrachte Kult kam dem durch endzeitliche Erwartung geschärften religiösen Empfinden weiter Kreise entgegen. Zahlreiche Klöster unterstellten sich dem Abt von Cluny. Dadurch entstand zum ersten Mal in der Geschichte des abendländischen Mönchtums ein Ordensverband; ihm sollten bis zu seiner grössten Ausdehnung im 12. Jahrhundert über halb Europa verteilt mehr als tausend Abteien und Priorate angehören. Andere Reformklöster übernahmen, ohne ihre Selbständigkeit aufzugeben, die Gewohnheiten von Cluny. Das burgundische Grosskloster war, wie Abt Wilhelm von Hirsau (1069–1091) schreibt, *ein lebendiger und unausgeschöpfter Quell, woraus wie in einzelnen Bächen die Reformkraft für andere Klöster fliesst.*[20]

Früh schon erreichte die cluniazensische Bewegung das Gebiet der heutigen Schweiz. Mit Romainmôtier und Payerne gehörten im 10. Jahrhundert zwei bedeutende Abteien zum Ordensverband von Cluny. Nach dem Vorbild der königlichen Stifter übertrugen im 11. Jahrhundert auch burgundische Adelige in der Westschweiz Güter an Cluny zur Gründung neuer Priorate. In den alemannischen Gegenden indessen wurde die monastische Reform nicht direkt von Burgund her, sondern über die süddeutschen Reformzentren St. Blasien im Schwarzwald und Hirsau wirksam. Als eindrücklichster Zeuge des neuen Mönchtums sei hier das von den Grafen von Nellenburg gestiftete, von Hirsau besiedelte Kloster Allerheiligen in Schaffhausen genannt.

Nicht nur das Mönchtum wurde von reformerischem Aufschwung erfasst. Der Eindruck einer verstärkten, imminenten Endzeiterwartung vermittelte der Kirche insgesamt Anstösse, steigerte das Sündenbewusstsein der Gläubigen und bewirkte einen Wandel der Frömmigkeit. Als ein Zeichen dafür darf die gesteigerte Kreuzes- und Reliquienverehrung gewertet werden. Nach Matth. 24, 30 begleitet das Zeichen des Menschensohnes, sehr früh als Kreuz aufgefasst, den zum letzten Gericht wiederkehrenden Herrn der Welt. Kreuzeskult und Kreuzestheologie sind daher eng mit der Erwartung des Weltgerichts verbunden. Eindrücklich illustriert dies die bereits vorgestellte Weltgerichts-Darstellung in der Bamberger Apokalypse (Abb. 3).

Mit einer neuen Form von gesteigerter Frömmigkeit hat zu tun, dass an der Jahrtausendwende die ersten Gross-Kruzifixe begegnen. «Der tote Gott-Mensch am Kreuz vermag», nach den Worten von Johannes Fried, «wie kaum ein zweites Bild nicht nur die christliche Heilszuversicht, sondern vor allem die Hinfälligkeit alles Irdischen zu Bewusstsein zu bringen». Die monumentalen romanischen Kruzifixe sollten jeden Christen gemahnen, sie wurden daher gut sichtbar aufgestellt, häufig im Triumphbogen der Kirchen.

Welche Wirkung von solchen Zeichen von Tod und Erlösung auf die Gläubigen ausging, ist durch eine Reihe von erzählenden Quellen belegt. Der schon genannte Abt und Erzbischof Gauzlin von Bourges liess, wie sein Biograph berichtet, durch einen lombardischen Künstler für Fleury einen kunstvollen Kruzifixus anfertigen. Als dieser vollendet war, führten Klerus und Volk, Männer und Frauen, eine Prozession im Freien durch. Es sei unmöglich zu beschreiben, stellt der Biograph fest, welche Ströme von Tränen die von Mitleid ergriffenen Gläubigen dabei vergossen hätten.[21]

Berichte von Prozessionen, Menschenansammlungen und Predigten unter freiem Himmel mehren sich. Etwas scheint in Gang gekommen zu sein, das ausserhalb der kleinen und engen Kirchen breitere Schichten der Bevölkerung erreichte. Um noch ein Beispiel dieser Art anzuführen: Als einmal Feuerzeichen am Himmel die Menschen in der Ile-de-France in Angst und Schrecken versetzten, ordneten der Abt von Rebais und die Äbtissin von Jouarre einen kollektiven Fastentag und eine Prozession an. Dazu kam neben den beiden Konventen eine grosse Menge adeligen Volkes an einem festgelegten Ort zusammen; man stimmte die sieben Busspsalmen an und hörte eine Busspredigt. Dadurch habe sich das Toben der Natur besänftigen lassen, lesen wir im betreffenden Mirakelbericht.[22]

Der Wandel der Frömmigkeit, die nun Menschenmassen im wörtlichen Sinn zu bewegen beginnt, äussert sich ebenfalls in der Zunahme der

Pilgerfahrt. Um die Jahrtausendwende werden die Fernwallfahrten nach Santiago de Compostela in Nordwestspanien und nach Jerusalem zu Massenerscheinungen. Wir haben Kenntnis von zahlreichen Einzelpilgern und von Pilgerzügen ins Heilige Land. Als das tausendste Jahr nach dem Tod Christi (gemäss den Berechnungen des Dionysius Exiguus) nahte, pilgerten laut Radulfus Glaber so viele Menschen wie nie zuvor nach Jerusalem, in der Erwartung der Ankunft des Antichrist. Darunter befanden sich nicht etwa nur einfache, ungebildete Menschen; auch Bischöfe Äbte und hochadelige Laien, die jetzt das Weltende für bevorstehend hielten, machten sich auf den mühseligen Weg. Unter ihnen waren Gelehrte vom Rang eines Ademar von Chabannes (um 988–1034), der von seiner Pilgerreise nach Palästina nicht mehr lebend zurückkehren sollte.

Die Reliquienverehrung gewann an Bedeutung. Lokal verehrte Heilige wurden zum Ziel kleinerer oder grösserer Wallfahrten. Das Volk schien sich geradezu in die Obhut der Reliquien zu flüchten. Reliquiare wurden aus den Kirchen und Klöstern herausgetragen und auf freiem Feld in die Mitte von Kirchenversammlungen gestellt; in der Gegenwart der Heiligen gelobten die Anwesenden, Klerus, Adel und Volk, feierlich, den Frieden zu wahren. Diese sogenannte Gottesfriedensbewegung setzte zuerst in Aquitanien ein, griff um das Jahr Tausend auf Burgund und die Provence über und wurde insbesondere von Cluny gefördert. Der Kirche ging es dabei nicht nur um den Schutz ihrer Einrichtungen und Leute vor den Übergriffen des kriegerischen Adels. Vielmehr sollte durch solche regionale Versammlungen ein alle Beteiligte bindendes Gelübde die Wehrlosen schützen, die Fehde auf bestimmte Zeiten des Jahres einschränken und generell die kriegerische Gewalt des Adels eindämmen.

Von Burgund aus hielt die Gottesfriedensbewegung in der burgundischen Westschweiz Einzug. Unter Bischof Hugo von Lausanne (1018–1037), dem Sohn des letzten hochburgundischen Königs Rudolf III., wurde ein solches Konzil von Laien und Priestern auf dem Hügel von Montriond südwestlich der Bischofsstadt abgehalten. Es ist nicht ausgeschlossen, dass das Friedenskonzil von Montriond, woran die Erzbischöfe von Besançon und Vienne mit ihren Suffraganbischöfen teilgenommen haben sollen, im tausendsten Jahr der Wiederkehr von Christi Tod 1033 stattfand.[23] Versammlungen dieser Art sind machtvolle Zeichen eines Neuanfangs: Das Böse in der Welt wurde nun stärker wahrgenommen als früher. Es sollte mit geistigen und geistlichen Mitteln bekämpft und die Welt dadurch besser gemacht werden.

Das Ringen um den Kirchen-Frieden stellte sich als Kampf um die rechte Ordnung in der Welt dar. Nicht nur die kirchliche, sondern und vor allem auch die gesellschaftliche Ordnung war von Chaos und Auflösung bedroht. Als Ordnungsschema entwickelten um die Jahrtausendwende einige Mönche aus karolingischen Wurzeln das System der funktionalen Dreiteilung der Gesellschaft. Diese setzte sich 1. aus den Kirchenleuten, Priestern und Mönchen, den Betenden («oratores»), 2. dem Adel, den Kriegführenden («bellatores») und 3. der Masse der arbeitenden bäuerlichen Bevölkerung («laboratores») zusammen. Die funktionale Drei-Gliederung begann sich als Deutungsschema der sozialen Wirklichkeit durchzusetzen und besass für Jahrhunderte prägende Kraft.

Von grosser Tragweite war die Einbindung der «bellatores», d.h. der durch die schwache Königsherrschaft kaum gezügelten kriegerischen Gewalt des Adels, in eine von christlicher Ethik geprägte Gesellschaftsstruktur. Nicht dass es die Idealvorstellung des «miles christianus», des christlichen Ritters, nicht schon früher gegeben hätte. Doch erst durch die raumfüllende Ausstrahlung des Reformmönchtums, das vollständig vom Adel getragen wurde, durch Friedensversammlungen der Kirche und durch weitere kollektive Formen der Frömmigkeit begann die Elite der Gesellschaft sich als christliche Elite zu begreifen. In diesem Prozess wurden die Denk- und Verhaltensmuster der christlichen Ritterschaft ausgebildet.

Vom neu erwachten religiösen Eifer der Jahrtausendwende künden auch sichtbare Veränderungen im europäischen Landschaftsbild: Zahlreiche Kirchen wurden gebaut. Das lateinische und später auch das germanische Europa wurden nach dem berühmten Ausspruch von Radulf Glaber geradezu von Bauwut ergriffen: Noch vor dem 1003. Jahr seit der Geburt des Herrn hätten die Christen zumal in Italien und Gallien ihre Kirchen erneuert: *Es war, als wollte die Welt ihr Alter abschütteln, um sich mit dem leuchtenden Gewand von Kirchen zu bekleiden.*[24] Die alt gewordene Welt («mundus senescens») erhielt eine neue Gestalt, wie wenn der Schöpfung nach der eschatologischen Krisenzeit ein Neuanfang gewährt worden wäre. Gewiss hatte der gesteigerte Kirchenbau nicht nur religiöse Wurzeln. Die Bevölkerungszunahme in Europa nach dem Jahr Tausend war eine weitere Triebfeder dafür. Doch sind nicht auch das demographische Wachstum, das bis ins 13. Jahrhundert anhalten sollte, und der parallel dazu verlaufende wirtschaftliche Aufschwung Zeichen für einen tiefgreifenden Wandel? Kräfte wurden freigesetzt, die sich in vielfältigen Bereichen zu manifestieren begannen.

Eine vergleichbare Aufbruchstimmung im Kirchenbau wie nach dem Jahr Tausend kann übrigens für die Zeit um 1500 beobachtet werden. Einzelne Gegenden wurden im ausgehenden Mittelalter von einem eigentlichen Bau-«Boom» erfasst; um die Wette vergrösserte und verschönerte man Kirchen, wie vor einigen Jahren auch an den Kirchen der Zürcher Landschaft aufgezeigt werden konnte. Allerdings brach diese Bewegung mit der Reformation ab, die Reformatoren lenkten den Eifer der Gläubigen auf eine andere, verinnerlichte Ebene.

Ergebnisse

«La mutation de l'an mil a-t-elle eu lieu?» («Hat an der Jahrtausendwende ein Neubeginn stattgefunden?»), lautet der Titel eines im vorletzten Jahr erschienenen Buches des französischen Historikers Dominique Barthélemy. Das Fragezeichen versteht Barthélemy durchaus im verneinenden Sinn. Der Pariser Professor stellt entschieden in Abrede, dass im 10./11. Jahrhundert die Weichen für die mittelalterliche Geschichte Europas gestellt worden seien. Nicht ein Umbruch habe stattgefunden; weder im mentalen noch im gesellschaftlichen Bereich habe die Wende vom ersten zum zweiten Jahrtausend tiefgreifende Veränderungen bewirkt. Schon gar nicht hätte das Millennium Angst und Schrecken hervorgerufen, solche Vorstellungen gehörten in den Bereich der Mythen. Auch die hochmittelalterliche adelige Feudalgesellschaft («Société féodale») sei nicht das Ergebnis eines religiösen Aufbruchs, der Gottesfriedensbewegung oder der Mönchsreform gewesen. Vielmehr seien antike und frühmittelalterliche Strukturen evolutiv weiterentwickelt worden.

Barthélemys These stiess vor allem unter französischen Mittelalterhistorikern auf heftige Ablehnung. Im Lichte der von uns hier vorgestellten und interpretierten Quellenzeugnisse muss die Antwort, zugleich auch die Antwort auf unsere eingangs gestellte Frage «Endzeitangst oder Neubeginn?», differenziert ausfallen. Die Schreckenbilder eines Felix Dahn gehören gewiss in die Rumpelkammer der Mythen. Eine lähmende, bleierne Angst der Volksmassen vor Weltuntergang und Weltgericht, bewusst geschürt von der Kirche und dem Mönchtum, hat es an der Jahrtausendwende nicht gegeben. Dennoch ist in den Texten eine gewisse Unruhe vor allem unter den Gebildeten nicht zu verkennen. Religiöse Angst und die Sorge um die Heilsgewissheit der eigenen Seele bewegten die Menschen im Mittelalter unvergleichlich stärker als in unserer eigenen, säkularisierten

Zeit. Wenn die Hauptsorge vor dem Anbruch des nächsten Millenniums darin besteht, dass die Computer beim Datumswechsel keinen Absturz verursachen, so war um das Jahr Tausend die Angst vor einem – wenn man so sagen darf – apokalyptischen Millenniums-Crash durchaus begreiflich.

Doch die christliche Religion bot Hilfe und Schutz. Daraus konnten Kräfte gewonnen werden, welche das Antlitz der Erde erneuerten. Deshalb ist es kein Zufall, dass in längerfristiger Perspektive betrachtet, die Zeit des 10./11. Jahrhunderts in der europäischen Geschichte eine Zeit des Übergangs bildet, des geistigen und sozialen Wandels. Die Zeitenwende vor tausend Jahren trägt weniger das Signum von «Endzeitangst» als das Signum von «Neubeginn».

Anmerkungen:

1 Neuausgabe in: Felix Dahn, Historische Romane in 6 Bänden, Bd. 6, Wien 1977, S. 182f.
2 Jules Michelet, Histoire de France, Bd. 1, Paris 1833, Neuausgabe: Œuvres complètes, Bd. 4, Paris 1974, S. 389ff.
3 Die Urkunden Otto des III., ed. Theodor Sickel (Monumenta Germaniae Historica, Diplomata regum et imperatorum Germaniae II/2, 1893) (= DO III.), Nrn 344, 346–352, 354–361, 363, 365–373, 375–378, 380–386.
4 Die Urkunden der burgundischen Rudolfinger, ed. Theodor Schieffer, Hans Eberhard Mayer (Monumenta Germaniae Historica, Regum Burgundiae e stirpe Rudolfina Diplomata et Acta, 1977) (= DBurg.), Nrn 88, 147.
5 z.B.DBurg. Nrn 149, 150.
6 Berlin, Staatsbibliothek Preussischer Kulturbesitz, Ms. Phil. 1833, fol. 39v.
7 München, Bayerische Staatsbibliothek, Clm 4453, fol. 23v und 24r. Die zweite Herrscherdarstellung dieser Art befindet sich in Chantilly, Bibliothèque du Musée Condé, Ms. 14bis (Einzelblatt).
8 DO III. Nr. 285 (28. April 998).
9 Gerbert von Aurillac, Libellus de rationali et ratione uti, ed. Migne, Patrologia Latina 139, Sp. 159 C.
10 DO III., Nrn 331, 347.
11 Petrus Damiani, De novissimis et Antichristo, ed. Migne, Patrologia Latina 145, Sp. 838 C/D.
12 Abbo von Fleury, Apologeticus, ed. Migne, Patrologia Latina 139, Sp. 471f.
13 Andreas von Fleury, Vita Gauzlini abbatis Floriacensis monasterii, c. 68, ed. et trad. Robert-Henri Bautier, Gillette Labory (Sources d'histoire médiévale 2, 1969), S. 136–138.

14 Wulfstan von York, Sermo Lupi ad Anglos, ed. Dorothy Bethurum, The Homilies of Wulfstan, London 1957, S. 255–275.
15 Notker der Deutsche, Boethius, ‹De consolatione Philosophiae›, ed. Petrus W. Taz (Altdeutsche Textbibliothek 94, 1986), Prolog, S. 4–6.
16 DBurg. Nrn 125, 137.
17 Bamberg, Staatsbibliothek, Ms. Bibl. 140, fol. 53r.
18 Ed. Dominique Iogna Prat, Agni immaculati. Recherches sur les sources hagiographiques relatives à saint Maieul de Cluny (954–994), Paris 1988, S. 287–301, bes. S. 294ff.
19 Radulf Glaber, Historiae I, 23, ed. John France (Oxford Medieval Texts), Oxford 1989, S. 40.
20 Constitutiones Hirsaugienses, Prologus, ed. Migne, Patrologia Latina 150, Sp. 929 A/B.
21 Andreas von Fleury, Vita Gauzlini (wie oben Anm. 13), c. 65, S. 132.
22 Vita S. Agili, c. 3–5, ed. Acta Sanctorum, Augustus VI, S. 588.
23 Cono von Estavayer, Bischofschronik, in: Cartulaire du chapitre de Notre-Dame de Lausanne, ed. Charles Roth (Mémoires et documents publiés par la Société d'histoire de la Suisse romande III/3, 1948), Nr. 16 q, S. 32f.
24 Radulf Glaber, Historiae (wie oben Anm. 19) III, 13, S. 114–116.

Literaturhinweise:

Johannes Fried: Endzeiterwartung um die Jahrtausendwende, in: Deutsches Archiv für Erforschung des Mittelalters 45 (1989), S. 381–473
Gerd Althoff: Otto III., Darmstadt 1996
Georges Duby: Unseren Ängsten auf der Spur. Vom Mittelalter zum Jahr 2000, Köln 1996
Autour de Gerbert d'Aurillac, le pape de l'an mil. Album de documents commentés réunis sous la direction d'Olivier Guyotjeannin et Emmanuel Poulle, Paris 1996
Dominique Barthélemy: La mutation de l'an mil a-t-elle eu lieu? Servage et chevalerie dans la France des Xe et XIe siècles, Paris 1997
Ingrid Baumgärtner: Kunigunde – eine Kaiserin aus der Jahrtausendwende, Kassel 1997
Pierre Riché: Les grandeurs de l'an mil, Paris 1999
Silvain Gouguenheim: Les fausses terreurs de l'an mil, Paris 1999
Menschen, Mächte, Märkte. Schwaben vor 1000 Jahren und das Villinger Marktrecht, Villingen-Schwenningen 1999

Matthias Kaup

Antichrist und Endkaiser

Friedrich II. in der eschatologischen Propaganda des 13. Jahrhunderts

Mit der Einstufung Kaiser Friedrichs des Zweiten als eschatologischen Protagonisten behandele ich das prominenteste mittelalterliche Beispiel für den in der Geschichte des Christentums häufigen Versuch, aus theologischen Spekulationen erwachsene Hauptdarsteller des Endzeitszenarios in prominenten Figuren der eigenen Zeitgeschichte wiederzufinden. Zunächst skizziere ich die Auseinandersetzung zwischen Friedrich II. und den Päpsten. Darauf gebe ich eine kurze Einführung in die wichtigsten eschatologischen Rollen, die die Theologen für Menschen entwickelten, nämlich Antichrist, die zwei Zeugen der Endzeit, Endkaiser und Engelpapst. In einem dritten Schritt erläutere ich die Bedeutung dieser eschatologischen Rollenkonzepte für die Auseinandersetzung zwischen Friedrich II. und den Päpsten. Ein vierter Teil gilt der Person und der Lehre Joachims von Fiore, der die Basis für die wirkmächtigste Interpretation des Kampfes zwischen dem Staufer und seinen päpstlichen Gegnern darstellt: die bisher noch ungenügend erforschten Texte der Schüler Joachims aus dem zweiten Drittel des 13. Jahrhunderts. Ein fünfter Teil geht schliesslich auf diese Texte ein, auf ihren auf Joachims Konzepten basierenden geschichtstheologischen Entwurf und dessen Fortentwicklung insbesondere in der zweiten Hälfte des 13. Jahrhunderts.

Die Auseinandersetzung Friedrichs II. mit Gregor IX.

In der zweiten Hälfte des 13. Jahrhunderts galt das mit der Hinrichtung Konradins 1268 in Neapel erloschene Haus der Staufer beim Heiligen Stuhl als *semen vipereum*, als Viperngeschlecht, das während seiner Existenz eine stete Bedrohung für das Papsttum gewesen sei. Hintergrund waren die zahlreichen Auseinandersetzungen zwischen dem nun erloschenen schwäbischen Kaisergeschlecht und dem Heiligen Stuhl, die seit der Herrschaft Friedrichs I. Barbarossa (1152–1190) immer wieder entstanden waren und in den letzten elf Jahren der Herrschaft Friedrichs II. (1212–1250) besonders heftige Formen angenommen hatten.

Anlass zu Streitigkeiten hatte etwa die Einschätzung des Verhältnisses zwischen Kaiser- und Papsttum geboten: Die Päpste hatten immer wieder eine Unterordnung des Kaisertums unter den Heiligen Stuhl propagiert, da es schliesslich von ihnen verliehen werde; eine Position, wie sie vor allem Papst Innozenz III. (1198–1216) während des staufisch-welfischen Thronstreits Anfang des 13. Jahrhunderts mit einigem Erfolg vertreten konnte. Friedrich I. und vor allem sein Enkel Friedrich II. betonten dagegen eine Gleichrangigkeit des Kaisertums mit dem Papsttum sowie eine Eigenständigkeit und Unabhängigkeit der kaiserlichen Kompetenzsphäre. Die Päpste wiederum sahen essentielle politische Eigeninteressen bedroht, als schon Friedrich I. und dann insbesondere Heinrich VI. (1190–1197) und Friedrich II. die Herrschaft über das Reich und damit auch Reichsitalien mit der sizilischen Königskrone zu verbinden suchten, was dem Sohn und dem Enkel Barbarossas ja auch jeweils gelang. Daher standen die Päpste in den Auseinandersetzungen zwischen mehreren oberitalienischen Städten und den Staufern den Norditalienern bei und setzten sich so in offenen Gegensatz zu den römischen Kaisern und Königen.

Die geschilderten Differenzen kulminierten schliesslich ab 1239 in einem Endkampf, der vor allem in der Auseinandersetzung zwischen Gregor IX. und Friedrich II. mit apokalyptischer Rhetorik geführt wurde. Zur Veranschaulichung zitiere ich den Anfang eines berühmten päpstlichen Briefes aus dem Jahre 1239, der unter dem Titel seiner aus der Offenbarung des Johannes genommenen Anfangsworte: *Ascendit de mari bestia*, zu deutsch *Das Tier stieg aus dem Meer herauf*, zitiert wird. Diesen Brief sandte Papst Gregor IX. (1227–1241) am Ende Juni/Anfang Juli 1239 an alle Erzbischöfe und Bischöfe sowie an alle Könige der abendländischen Christenheit:

Das rasende Tier, das voller blasphemischer Namen ist, ist aus dem Meer heraufgestiegen. Seine Füsse sind die eines Bären, sein Maul das eines Löwen, seine übrigen Glieder gleichen denen eines Leoparden. Es hat seinen Mund geöffnet, um den göttlichen Namen zu lästern, und es unterlässt es nicht, mit ähnlichen Angriffen Gottes Heiligtum und seine Heiligen, die in den Himmeln wohnen, zu attackieren. All dies will es mit eisernen Klauen und Zähnen zerreissen und alles unter seinen Füssen zertreten. Einst hat es gegen den Glauben geheime Sturmböcke aufgestellt, nun erbaut es vor aller Augen Kampfmaschinen, es errichtet Übungsplätze der Ismaeliten, die die Seelen auf Abwege führen, und erhebt sich ganz offen gegen Christus, den Erlöser des Menschengeschlechtes; die Tafeln von Christi Gesetz wollte es schon mit dem Griffel der verruchten Häresie zerstören.

Deshalb, Ihr, zu denen Worte der Lästerung gelangen, die jenes Tier gegen uns ausgestossen hat, hört auf, Euch darüber zu wundern, dass wir, ganz dem Dienste Gottes ergeben, von den Pfeilen der Verleumdung bedrängt werden, denn jene Beschimpfungen lassen ja nicht einmal den Herrn unversehrt. Hört auf, Euch zu wundern, wenn der gegen uns den Dolch der Ungerechtigkeit erhebt, da er doch sich bereits daran macht, den Namen des Herrn von der Erde zu tilgen. Stattdessen, auf dass Ihr seinen Lügen durch die offene Wahrheit widerstehen und seine Täuschungen durch den Beweis der Reinheit widerlegen könnt, bemüht Euch sorgfältig darum, das Haupt, die Mitte und das Ende dieses Tieres, des Kaiser genannten Friedrich, zu betrachten und in seinen Worten Verwünschungen und Freveltaten zu finden. Bewaffnet gegen seine Listen Euren Sinn mit dem Schild der Wahrheit und beachtet, wie der genannte Friedrich, der Baumeister der Falschheit, in seiner Masslosigkeit die Aufrichtigkeit des Apostolischen Stuhles und die Unsere durch vergiftete Briefe zu beflecken sucht, die er durch verschiedene Himmelsregionen schickt.

Soweit das Zitat; Gregor lässt auf den folgenden Seiten des sehr umfangreichen Briefes eine Revue dessen folgen, was für ihn die Schandtaten Friedrichs II., des letzten Stauferkaisers, waren, insbesondere Aktionen gegen die politisch-territorialen Interessen des Papsttums in Mittelitalien, aber auch Versäumnisse in Kreuzzugsangelegenheiten und angebliche Ketzereien wie etwa die berühmte, von ihm Friedrich II. zugeschriebene Äusserung von den drei Erzbetrügern der Menschheit Moses, Christus und Mohammed. Friedrich II. geniesse es, sich als *preambulus Antichristi*, als Vorläufer des Antichrist, bezeichnen zu lassen. Deshalb bittet Gregor die Bischöfe, ihren Priestern und Gemeinden die Falschheit von Friedrichs Behauptungen zu erläutern.

Mit diesem Brief Gregors IX. steuerte die Auseinandersetzung zwischen ihm und dem Staufer Friedrich II. auf ihren Höhepunkt zu. 1227 hatte der Papst den Kaiser unter Verweis auf ein gebrochenes Kreuzzugsversprechen erstmals exkommuniziert, 1239 ein zweites Mal. Gegen diese zweite Exkommunikation hatte sich Friedrich mit Angriffen auf den Papst gewehrt, worauf Gregor IX. mit dem zitierten Brief reagierte. Damit eröffnete der Papst den rhetorischen Höhepunkt der Auseinandersetzung, nun bedienten sich die Kontrahenten zur Disqualifizierung ihres Gegners der Sprache der Apokalypse.

Um das auch für Friedrich II. zu veranschaulichen, zitiere ich im folgenden den ersten Teil des an das Kardinalskollegium gerichteten Briefes *In exordio nascentis mundi* (zu deutsch *Am Anfang der Welt*) vom Juli 1239, in dem sich Friedrich gegen die Vorwürfe aus *Ascendit de mari bestia* wehrte:

Am Anfang der Welt hat die vorausschauende und unbeschreibliche Vorsehung Gottes, die unbeeinflusst von fremden Ratschlägen ist, am Firmament des Himmels zwei Lichter gesetzt, ein grosses und ein kleines. Das grosse sollte den Tag, das kleine die Nacht beherrschen. Diese zwei werden so zur Ausübung ihrer Aufgaben im Tierkreis plaziert, dass sie sich gegenseitig nicht behindern, auch wenn sie sich oft von der Seite anschauen; vielmehr teilt das höherstehende dem tieferstehenden sein Licht mit. In ähnlicher Weise sollen nach dem Willen der ewigen Voraussicht Gottes am Firmament der Erde zwei Mächte sein, das Priestertum nämlich und das Kaisertum, das eine zur Bewahrung, das andere zur Bewehrung. So soll der Mensch, der zu lange in zwei Bestandteile aufgelöst war (gemeint sind Seele und Körper, M. K.) *durch zwei Zügel gebändigt werden, und so soll die Erde Frieden gewinnen, und alle Ausschweifungen sollen eingedämmt werden.*

Doch auf der Kathedra der verkehrten Lehre sitzt ein mit dem Öl der Schlechtigkeit gesalbter Pharisäer vor all seinen Genossen, nämlich der Römische Bischof unserer Tage, der vergessen machen will, dass er vom Eifer für die himmlische Ordnung abgefallen ist. Vielleicht glaubt er, dass er sich mit den hohen Dingen messen kann, die von der Natur, nicht vom Willen geleitet werden. Er will die Sonne unserer Majestät in die Sonnenfinsternis führen, indem er die Wahrheit in Lügengeschichten verwandelt und Briefe voller Verleumdungen zu verschiedenen Teilen der Welt sendet, die die Reinheit unseres Glaubens angreifen, voller Erdichtung und ohne Grund.

Er nämlich, der nur dem Namen nach Papst ist, schreibt, wir seien das Tier, das aus dem Meer heraufsteigt, voller blasphemischer Namen, gefleckt wie ein Leopard. Wir aber sagen, dass er selbst jene Bestie ist, von der man in der Apokalypse liest: «Ein weiteres rotes Pferd kam aus dem Meer hervor; der Reiter auf dem Pferd aber nahm den Frieden weg von der Erde, auf dass die Lebenden sich gegenseitig töten.» Seit seiner Erhebung ist er nicht ein Vater des Erbarmens, sondern der Zwietracht, ein eifriger Beförderer der Verwüstung und nicht des Trostes stachelt er den ganzen Erdkreis zu Schandtaten auf. Auf dass wir seine Worte ihrem richtigen Sinn nach interpretieren: Er selbst ist der grosse Drache, der den ganzen Erdkreis verführt, der Antichrist, dessen Vorläufer wir nach seiner Meinung sind.

Soweit das Zitat aus Friedrichs Brief, in dem der Staufer sein Verständnis von der Gleichberechtigung, wenn auch nicht Gleichwertigkeit von Sacerdotium und Imperium durch das beliebte Sonne-Mond-Gleichnis verdeutlicht. Jede der beiden Mächte ist in Friedrichs Sicht für ihren Bereich zuständig, der Papst für die Seelen, der Kaiser für die Körper der Menschen, keine darf der anderen in ihren Kompetenzbereich hineinregieren. So weist Friedrich Gregors Angriff als Verletzung des göttlich geordneten Verhältnisses zwischen den höchsten Mächten der Christenheit zurück, was verständlich macht, dass er daraufhin Gregor IX. als Antichrist attackiert. Im nicht zitierten Teil des Briefes folgt eine Reihe weiterer Negativbeschreibungen Gregors mit apokalyptischen Attributen. Friedrich bekennt dann seinen Glauben, weist die Behauptung zurück, Häresien zu vertreten, und fordert die Kardinäle auf, Gregor zur Vernunft zu bringen.

Nach dem Tod Gregors IX. 1241 folgte zunächst eine lange Sedisvakanz, die erst 1243 mit der Wahl Innozenz IV. (1243–1254) zu Ende ging. Der neugewählte Papst und vor allem seine Mitarbeiter benutzten in der bald wiederauflebenden Konfrontation mit Friedrich II. zwar weiterhin eine apokalyptische Bildersprache, die kaiserliche Kanzlei dagegen verzichtete seit dem Tod Gregors IX. auf eschatologisch angereicherte Manifeste und konzentrierte ihre Propaganda auf das Konzept eines autonomen weltlichen Staates gegen die Einmischung des Papstes in die monarchischen Kompetenzen sowie gegen die Anmassungen einer verweltlichen, reformbedürftigen Kirche. Doch zog die apokalyptische Radikalisierung des Kampfes mit Gregor IX. und deren Fortführung durch Innozenz IV. weitere Kreise insbesondere in Mittelitalien, wie wir weiter unten noch sehen werden. Zunächst aber soll nach den geistesgeschichtlichen Grundlagen dafür gefragt werden, dass ein Kampf zwischen Papst und Kaiser zu einer solchen verbalen Eskalation führen konnte. Die gesuchte ideengeschichtliche Basis finden wir in den eschatologischen Rollenkonzepten, wie sie die theologische Reflexion über die Endzeit in den ersten zwölf Jahrhunderten der christlichen Heilsgeschichte entwickelt hatte.

Eschatologische Rollen

Die christliche Eschatologie erwächst insbesondere aus der Zusammenschau einer Reihe alt- und neutestamentarischer Schriften. Von besonderer Bedeutung sind die beiden biblischen Apokalypsen, im Alten Testament das Buch Daniel und im Neuen Testament die Geheime Offenbarung des

Johannes, deren griechischer Titel Apokalypsis bekanntlich der Gattung ihren Namen gab. Dazu bilden eine Reihe weiterer Texte vor allem des Neuen Testaments eine unerschöpfliche Grundlage für eschatologische Spekulationen wie etwa die sogenannte Synoptische Apokalypse, die Reden Jesu über die Endzeit, wie sie Markus, Lukas und Matthäus wiedergeben, und die Briefliteratur wie insbesondere der Zweite Thessalonicherbrief. Auf der Grundlage dieser Texte spekuliert die Christenheit über die Protagonisten der Endzeit. Später treten zu diesen biblischen Texten ausserbiblische Prophetien hinzu wie etwa die Revelationes des Pseudo-Methodios aus dem siebten Jahrhundert, die zur Entwicklung neuer eschatologischer Rollen beitragen.

Die wichtigsten für Menschen vorgesehenen eschatologischen Rollen sind der Antichrist, die zwei Zeugen der Endzeit, der Endkaiser und der Engelpapst. Die ersten beiden Rollentypen finden sich bereits in der Bibel, insbesondere im Neuen Testament. Zur ersten Rolle, der des Antichrist: 167 vor Christus verbietet der syrische König Antiochos IV. Epiphanes den jüdischen Tempelkult in Jerusalem und installiert einen heidnischen Kult, darauf kommt es zum Aufstand der Makkabäer, zudem zu literarischen Verarbeitungen des Geschehens. In ihrer wirkungsgeschichtlich bedeutendsten, dem Buch Daniel, wird Antiochos zu der entscheidenden widergöttlichen Macht im apokalyptischen Ringen der Endzeit. Die Christenheit sieht in den Ausführungen des Buches Daniel später den Antichrist dargestellt, den sich mit der Hilfe des Satan gegen Gott stellenden bösen Menschen der Endzeit, der die Gläubigen verführt und das Böse durch Gewalt, Verführung und Zauberei fast triumphieren lässt, bevor er im apokalyptischen Endkampf von Gott vernicht wird. Neben dieser konkreten menschlichen Figur der Endzeit versteht das Neue Testament unter Antichrist auch in einer weitergefassten Wortbedeutung alle Menschen, die sich zu einem beliebigen Zeitpunkt der Heilsgeschichte gegen Christus stellen. Stösst man in den Quellen auf Antichristpolemik, muss man stets sorgfältig zwischen dem engeren und dem weiteren Begriff unterscheiden. Robert Lerner hat dafür die anschauliche Unterscheidung zwischen Antichrist mit kleinem a für die widergöttlichen Mächte ohne besondere eschatologische Rolle und Antichrist mit grossem A für die negative eschatologische Hauptrolle eingeführt, eine Unterscheidung, wie sie auch den romanischen Sprachen möglich, dem Deutschen aber verschlossen ist.

Die diversen Überlegungen des Neuen Testaments über den engeren Begriff des Antichrist, also über die widergöttliche menschliche Macht am

Ende der Zeit, unterliegt vielfältiger theologischer Reflexion, die im 10. Jahrhundert von dem westfränkischen Mönch Adso von Montier-en-Der zu einer Art Antichristvita zusammengestellt wird. Diese Antichristvita Adsos bildet die Grundlage der späteren orthodoxen Reflexion über den Antichrist; Joachim von Fiore treibt Ende des 12. Jahrhunderts diese Reflexion auf neue Wege, ohne dass sich sein Konzept von mehreren eschatologischen Antichristfiguren trotz vielfältiger Rezeption durchzusetzen vermochte. Wesentlich für die engere Konzeption vom Antichrist ist der Umstand, dass er sowohl politisch-herrscherliche als auch prophetisch-priesterliche Züge trägt und daher auch in zwei Figuren aufgespalten auftreten kann. Schon im 13. Kapitel der Johannesoffenbarung wird er in Form zweier Tiere dargestellt, das Tier aus dem Meer ist der Herrscher, der sich als Gott verehren lässt, das Tier aus der Erde sein Pseudoprophet, der die Menschheit dazu verführt, das Tier aus dem Meer wie Gott anzubeten.

Auch für die Entwickung der zweiten eschatologischen Rolle für menschliche, also nicht dämonische Protagonisten, die bereits in der Heiligen Schrift auftaucht, also die zwei Zeugen der Endzeit, ist Joachim von Fiore von grosser Bedeutung: Im 11. Kapitel der Geheimen Offenbarung ist die Rede von zwei namenlosen Zeugen, die vor dem Auftreten des Antichrist die Menschheit mit ihren Mahnworten bedrängen. Nach intensiver Spekulation über diese beiden Figuren setzte sich die Interpretation durch, es handele sich hier um die wiederauftretenden, nie gestorbenen alttestamentarischen Figuren Henoch und Elias. Joachim von Fiore erwägt die Möglichkeit, dass mit diesen beiden Zeugen die beiden Orden gemeint seien, die in seiner Konzeption das letzte Zeitalter der Welt einleiten würden. Bald nach Joachims Tod 1202 entstanden die Orden der Dominikaner und Franziskaner; es verwundert angesichts dieser zeitlichen Koinzidenz nicht, dass in beiden Orden, vor allem aber bei den Franziskanern, sich Gruppen fanden, die aufgrund dieser Spekulation Joachim als ihren Propheten betrachteten, der sich auf ihren Orden bezogen hätte.

Die beiden anderen eschatologischen Rollen für menschliche Protagonisten, Endkaiser und Engelpapst, haben keine unmittelbare biblische Grundlage, werden aber später in kryptische Stellen der Bibel, vor allem der Johannesoffenbarung, hineingelesen. Sie verdanken ihre Ausprägung dem Umstand, dass die beiden Institutionen an Bedeutung für die Christenheit gewannen und daher ihre endzeitliche Rolle von Interesse und so Gegenstand der Spekulation wurde. Die ältere Rolle ist die des End- oder Friedenskaisers, sie resultiert aus der Christianisierung des römischen Reiches seit dem 4. Jahrhundert und der damit einhergehenden grossen Bedeutung des Kaisertums für die Kirche. Die eschatologische Spekulation entwirft das Bild eines Kaisers der Endzeit, der die verderbte Christenheit reformieren und sie gegen den Ansturm ihrer Feinde am Ende der Zeit verteidigen und so während seiner Regierungszeit eine Epoche des Friedens sichern wird. Die Rolle des Engelpapstes, von dem man sich eine Reform der verderbten Kirche vor dem Ende der Zeit erwartete, erwächst aus der Entwicklung der abendländischen Kirche zu einer juridisch verfassten Papstkirche seit der gregorianischen Reform des späten 11. Jahrhunderts. So finden sich seit dem 12. Jahrhundert erste Hinweise auf Überlegungen zum Papsttum der Endzeit, eine erste entwickelte Konzeption bietet Joachim von Fiore am Ende des Jahrhunderts. Joachim ist auch für die Lehre vom Endkaiser von besonderer Bedeutung, insofern nämlich in seinem eschatologischen Szenario diese Rolle völlig entfällt.

Die Bedeutung der eschatologischen Rollen für die Interpretation des Kampfes zwischen Staufern und Päpsten

Wie aus dem Gesagten hervorgeht, standen in der Auseinandersetzung zwischen den beiden wichtigsten Protagonisten des besagten Kampfes, also zwischen Friedrich II. und Gregor IX., jedem der beiden eschatologische Konzepte bereit, die eigene Rolle positiv und die des Gegners negativ zu besetzen. Friedrich II. konnte sich selbst als Endkaiser betrachten, der dem Antichrist in Gestalt eines Pseudopapstes Widerstand leistete, Gregor IX. mochte sich als Engelpapst sehen, der gegen den häretischen widergöttlichen Pseudokaiser, den erwarteten herrscherlichen Antichrist, kämpfte.

Laut Adso sollte sich der letzte Kaiser des römischen Reichs vor der Ankunft des Antichrist nach Jerusalem zurückziehen, dort seine Krone auf Golgotha ablegen und sein Reich Gott übergeben. Dass Friedrich II. sich als Endkaiser verstand oder zumindest die damit verbundenen Vorstellungen zu nutzen wusste, darauf deuten verschiedene Umstände hin. Dass im Bezug auf ihn solche Vorstellungen wach werden konnten, liegt nahe, verstand er sich doch seit seiner Heirat mit Jolanda von Brienne, der Erbin des Königreiches von Jerusalem, als König von Jerusalem; zudem hatte Friedrich II. durch Verhandlungen mit dem Sultan von Ägypten die Rückkehr des Königreichs Jerusalem unter christliche Herrschaft erreicht. 1229 beschrieb er in einem Jerusalemer Manifest seine Herrschaft als gottunmittelbares davidisches Königtum. Gegen Ende seiner Regierungszeit liess sich Friedrich in seinen Verlautbarungen als *alter Christus* bezeichnen; seine Schriftstücke atmeten eine ausgesprochen sakralisierte Sprache, die für seine Gefolgsleute durch die Erwartung des von Friedrich II. als Endkaiser heraufzuführenden Friedensreiches gerechtfertigt gewesen sein mag; seine Gegner empfanden diese Sprache dagegen als teuflische Anmassung.

Gregor IX. mochte schon in den Jerusalemer Verlautbarungen Friedrichs von 1229 Hoffart gesehen haben; das, was man von seinen eschatologischen Vorstellungen weiss, lässt schliesslich keinen Raum für Friedrich II. als Endkaiser, ja die Lehre des Endkaisers spielt bei ihm überhaupt keine Rolle, so wenig wie bei Joachim von Fiore. Dass er von den Lehren des Abtes positiv beeinflusst war, lässt seine Hervorhebung des Florenserordens, Joachims eigener Gründung, vermuten, den er in der Kanonisationsbulle für den Heiligen Dominikus von 1234 gleichrangig neben Franziskanern, Dominikanern und Zisterziensern aufführt. Bei Joachim führt der Papst in der Endzeit die Gläubigen gegen den Antichrist; so versteht anscheinend auch Gregor IX. seine Rolle in dem einführend zitierten Brief *Ascendit de mari bestia.*

Die eschatologisch gedeuteten Kämpfe zwischen Päpsten und Staufern gewinnen eine geistesgeschichtlich überragende Bedeutung ganz wesentlich durch ihre heilsgeschichtliche Deutung, die die Schüler eines der bedeutendsten Geschichtstheologen des Mittelalters vornehmen, die sogenannten Joachiten, die ihren Namen von ihrem Meister, Joachim von Fiore, her tragen. Auf Joachim und auf das von ihm entworfene apokalyptische Szenario will ich im folgenden eingehen.

Joachim von Fiore als apokalyptischer Denker

Joachim von Fiore ist in den letzten Jahrzehnten bekannter geworden als Geschichtstheologe, der eine komplexe Theorie dreier Zeitalter der Weltgeschichte entwickelt hat: Für Joachim war die Weltgeschichte geprägt von der Trinität, die sich in jedem der drei Zeitalter unterschiedlich artikuliert: Das erste Zeitalter wird vom Vater geprägt, das zweite vom Sohn, das dritte und letzte schliesslich ist das des Heiligen Geistes. Die drei Zeitalter unterscheiden sich unter anderem dadurch, dass in jedem Zeitalter die spirituelle Durchdringung der Hl. Schrift zunimmt, das dritte Zeitalter ist schliesslich das Zeitalter der vollkommenen Schrifterkenntnis. Joachim selbst plaziert sich in die Zeit des Übergangs vom zweiten zum dritten Zeitalter, er versteht sich als eine Art Herold des dritten Zeitalters. Geistesgeschichtlich bedeutend ist Joachim so als eine Art Theoretiker des dritten, vollkommenen Zustandes auf Erden, als Vertreter eines Fortschrittsprinzips, das eine sehr wesentliche Erfüllung entgegen dem grössten Teil der vorangegangenen Tradition bereits auf Erden findet. Daher findet sich Joachim seit einigen Jahrzehnten in vielen geistesgeschichtlichen Übersichtsdarstellungen, kaum eine schliesst ihn mehr aus der Schar der wichtigsten Denker des Mittelalters aus. Seit etwa siebzig Jahren ist er ein dankbares Objekt der Forschung. Diese krankt allerdings nach wie vor daran, dass es kaum kritische Editionen seiner Werke gibt. Seit kurzem erscheinen erste kritische Ausgaben kleinerer und mittelgrosser Schriften Joachims, die im Rahmen eines editorischen Grossprojekts eines international besetzten Herausgeberkollegiums publiziert werden; Joachims Hauptwerke liegen aber immer noch nur in sehr fehlerhaften Drucken des frühen 16. Jahrhunderts vor.

Kurz zu seiner Biographie: Er wurde um 1135 in Celico geboren: Dieser Ort liegt in der Diözese von Cosenza in Kalabrien und gehörte damals zum normannischen Königreich von Sizilien. Abgesehen von einer Reise in den Nahen Osten verbrachte Joachim sein ganzes Leben in Süditalien. Sein Vater war wohl Notar am Hof König Rogers von Sizilien (König von 1130 bis 1154, seit 1101 Graf von Sizilien). Gegen Ende der fünfziger Jahre des 12. Jahrhunderts erlebt Joachim eine Sinnkrise, er verlässt den Hof König-Wilhelms und reist ins Heilige Land. Dort soll er nach dem Bericht der Viten in der Wüste Palästinas die Berufung zu einer gottgeweihten Lebensform erfahren haben.

Über die genaue Form des gottgeweihten Lebens war sich Joachim aber nicht sofort im Klaren. Nach seiner Rückkehr lebt er zunächst als Eremit am Ätna auf Sizilien. Dann kehrt er als Wanderprediger nach Kalabrien zurück, wo er mit dem Zisterzienserkloster von Sambucina in Berührung kommt, in dem er sich häufiger als Gast aufhält. Da er seine Predigttätigkeit legitimieren will, lässt er sich zum Priester weihen. Bald darauf, Anfang der 1170er Jahre, tritt er in das Benediktinerkloster von Corazzo ein, dessen Abt er wider Willen nach kurzer Zeit wird. In der Folgezeit bemüht er sich um den Anschluss des Klosters an den Zisterzienserorden, was ihm nach mühevollen Anstrengungen schliesslich 1188 gelingt. Bereits 1189 verlässt er das Kloster und lebt mit einem Freund ein Eremitendasein in den kalabrischen Bergen. Bald darauf gründet er die Abtei San Giovanni in Fiore und den Orden der Florenser, eine zisterziensische Reformkongregation, die 1196 von Papst Coelestin III. bestätigt wird. Als Abt von San Giovanni in Fiore stirbt Joachim 1202. Sein Orden wächst nur am Anfang rasch, erreicht nie mehr als sechzig Häuser und verschmilzt im 16. Jahrhundert wieder mit den Zisterziensern.

Bedeutender denn als Ordensgründer ist Joachim als Bibelexeget. Seine Exegese der Hl. Schrift führt ihn zur Ausbildung seiner bereits ansatzweise skizzierten Geschichtstheologie. Dabei geht Joachim von ganz traditionellen hermeneutischen Konzepten aus, die er neu formuliert und damit zu ihrer äussersten Konsequenz führt. Um dies zu veranschaulichen, will ich einen kurzen Exkurs in die christliche Schriftexegese geben. Schon die Autoren des Neuen Testaments sahen sich vor die Aufgabe gestellt zu beweisen, dass, wie es in der Emmausperikope heisst, in der gesamten Schrift von Christus die Rede ist (vgl. Lukas 24,27). Dazu dienten den Autoren des Neuen Testaments drei Mittel: Die alttestamentarischen Messiasprophetien hätten sich wörtlich in Christus erfüllt, zudem zeige der Vergleich zwischen jüdischer Bibel und Christusgeschehen, dass sich die beiden wie Abbild und Urbild, Typ und Antityp zueinander verhielten, und drittens schliesslich eigne der Schrift ein geistlich-allegorischer Sinn, der immer wieder zu Christus führe.

Die beiden letzten Mittel sind die klassischen Mittel der christlichen Exegese geworden: die Typologie und die Allegorese. Der Allegorese hat Thomas von Aquin die klassische Formulierung in der *Summa Theologiae* gegeben: Die Heilige Schrift zeichne sich durch einen vierfachen Sinn aus: Neben dem wörtlichen Sinn, dem *sensus litteralis*, habe sie einen dreifachen geistlichen Sinn, den *sensus spiritualis*. Joachim differenziert diese Lehre vom mehrfachen geistlichen Schriftsinn, den er *allegoria* nennt, in sehr komplexer Weise. Wichtiger für sein geschichtstheologisches Konzept ist aber das zweite klassische hermeneutische Exegeseinstrument: die Typologie. Schon das Neue Testament bringt die klassischen Beispiele wie das der Entsprechung zwischen dem Aufenthalt des Jonas im Bauch des Walfisches und dem Aufenthalt Christi in der Unterwelt, gemeint ist mit der Typologie also das Auffinden von strukturellen Ähnlichkeiten zwischen Altem und Neuem Testament, von einer alttestamentarischen Präfiguration, die ihre Erfüllung dann im Neuen Testament findet.

Dieses hermeneutische Instrument der Typologie ist der eigentliche Hauptansatzpunkt für die Geschichtstheologie Joachims, unser Abt bezeichnet sie als *concordia*. Zwar sieht er *concordia* und *allegoria* bzw. *sensus allegoricus* als gleichberechtigte Säulen des wahren geistlichen Schriftsinnes, des *mysticus* bzw. *spiritualis intellectus*, der aus beiden hervorgehe, wie der Geist von Vater und Sohn. Dennoch ist die *concordia* in der Praxis von grösserer Bedeutung: er definiert sie als *similitudo eque proportionis Novi ac Veteris Testamenti*, als Ähnlichkeit eines gleichen Verhältnisses von Neuem und Altem Testament, und zwar *quoad numerum, non quoad dignitatem*, der Zahl, nicht der Würde nach. Die Entsprechungen sieht er in Personen, Ordnungen, Kriegen und anderem. Diese Definition scheint klassisch zu sein, von ihr ausgehend gelangt Joachim aber zunächst zur sogenannten *concordia duorum temporum*, zur Entsprechung der zwei Zeiten, also der jüdischen Heilsgeschichte bis Christus und der christlichen Heilsgeschichte seit Christus. Er typologisiert also nicht mehr nur Altes Testament und Neues Testament, sondern die gesamte christliche Heilsgeschichte steht für ihn in einem typologischen Verhältnis zur jüdischen Heilsgeschichte. So dauern etwa beide 42 Generationen, beide sind durch die Abfolge von sieben Verfolgungen strukturiert, beide von einer 12er-Gruppe, hier Stämme Israels, dort Apostelkollegium, geprägt etc. Durch diese Typologisierung der gesamten Heilsgeschichte baut er ein dichtes Netz von Entsprechungen auf, in das er ausserordentlich viele historische Fakten einbaut und mit denen er zukünftige Strukturen beschreiben kann. So sieht er sich etwa am Ende der fünften Verfolgung der Christenheit, es stehen also wie einst bei den Juden noch zwei Verfolgungen aus vor dem Ende der Welt.

Nachdem er zunächst die *concordia duorum temporum*, die Entsprechung der zwei Zeiten, also der jüdischen und der christlichen Heilsgeschichte, ausgebaut hat, entwickelt Joachim ab der Mitte der achtziger Jahre des 12. Jahrhunderts die *concordia trium statuum*, die Entsprechung der drei bereits skizzierten Zeitalter. Das dritte Zeitalter, das Zeitalter des Hl. Geistes, entspricht vor allem in den bereits genannten Personenverhältnissen den ersten beiden Zeitaltern des Vaters und des Sohnes. Über die genaue Länge dieses dritten Zeitalters lässt sich Joachim nicht aus, es wird immerhin deutlich, dass es sich vermutlich nur um wenige Jahre handeln wird. In unserem Kontext ist von besonderer Bedeutung, dass Joachim im Zusammenhang mit der Ausbildung der Lehre von der *concordia trium statuum*, wie bereits erwähnt, die herkömmliche Antichristtheologie revolutioniert. Jeden seiner drei *status* lässt er mit dem Auftreten eines Antichrist abschliessen: Am Ende des Status des Vaters wütet Antiochus in der siebten Verfolgung gegen die Juden, den Status des Sohnes schliesst die siebte Verfolgung des wahren und grossen Antichrist ab, der Status des Hl. Geistes schliesslich endet ebenfalls mit einer Christenverfolgung, die Joachim in den gegen die Heiligen Gottes kämpfenden Völkern Gog und Magog in Offb. 20,7–9 wiederfindet. Aus ihnen macht Joachim eine Gog genannte

Kollektivpersönlichkeit, die er als den letzten Tyrannen und letzten Antichrist bezeichnet.

Ihn findet er auch wieder im siebenhäuptigen roten Drachen aus Offb. 12,3 ff., dessen Häupter er als die sieben Könige interpretiert, die die sieben Verfolgungen der Kirchengeschichte zu verantworten haben. Den siebenköpfigen Drachen identifiziert Joachim mit dem ebenfalls siebenhäuptigen scharlachroten Monster aus Offb. 17, auf dem die Hure Babylon sitzt. Die sieben Häupter dieses Monsters deutet die Apokalypse selbst als Könige, von denen es ebd. 17,9 heisst: *Fünf sind bereits gefallen, einer ist jetzt da, einer ist noch nicht gekommen; wenn er dann kommt, darf er nur kurze Zeit bleiben.* Der Sarazene Saladin ist in Joachims Deutung der sechste König, der siebte ist der kanonische *magnus et verus Antichristus*, der grosse und wahre Antichrist der Tradition, der in Joachims Konzeption am Ende des zweiten Status auftritt. Den letzten Antichrist am Ende des dritten Status identifiziert Joachim nicht nur mit Gog, sondern auch mit dem Schwanz des siebenköpfigen roten Drachen, von dem es in Offb. 12,3 f. heisst, er fege den dritten Teil der Sterne vom Himmel. In dem möglicherweise kurz nach seinem Tod entstandenen *Liber Figurarum*, einer Kurzfassung der wichtigsten Lehren Joachims mit Hilfe von sehr einprägsamen Diagrammen, wird in der Darstellung des siebenköpfigen Drachen dessen Schwanz knapp so charakterisiert: *Gog, dieser ist der letzte Antichrist.* Ebenfalls im *Liber Figurarum* heisst es von dem siebten Haupt des Drachens: *Dieser ist der siebte König, der im eigentlichen Sinne Antichrist genannt wird*; gemeint ist also, dies ist der Antichrist, auf den sich die kanonische Antichristlehre bezieht. Die ersten sechs Köpfe stehen für Herodes, Nero, den Arrianer Constantius, den Perserkönig Chosroe oder Mohammed, Heinrich II. oder Meselmuth und schliesslich Saladin.

Wie schildert Joachim den siebten Antichrist, den er als den kanonischen Antichrist der Tradition ansieht? Bei Adso war er ein aus dem Stamme Dan im Osten geborener Jude, der aus dem Nichts kommt und Macht über die Menschen gewinnt durch Bestechung, Terror und Wunderzeichen, als Pseudoprophet. Joachim dagegen hält den Antichrist am Ende des zweiten Status für einen verdorbenen Christen des Westens, zudem für den Führer einer Sekte von Pseudopropheten, der zugleich als König und Priester, als Kaiser und Papst auftritt. Diese beiden Aspekte dieses Antichrist sind für Joachim seine entscheidenden Merkmale: Er findet sie wieder in den beiden bereits genannten Bestien aus Offb. 13: das Tier aus dem Meer ist ein grausamer Herrscher über die gesamte Erde, das Tier aus der Erde ist ein Pseudopapst, beide zusammen sind Manifestationen ein und desselben Antichrist am Ende des zweiten Status. Indem er die beiden obersten Institutionen der westlichen Christenheit in depravierter Form in die Antichristtheologie einbezieht, prägt Joachim die Spekulationen über den Antichrist ganz wesentlich mit.

Die Anwendung auf die bedrängende Zeitgeschichte: Zur Eschatologie der Joachiten

Joachim selbst hatte sich ausdrücklich als Exeget verstanden; zwar meinte er, dass ein von Gott ihm geschenktes *donum intelligentiae*, eine Gabe der Schrifterkenntnis, ihm bei seiner Bibelauslegung zupass käme, als Prophet sah er sich aber eindeutig nicht. Vielmehr hielt er die Epoche der Prophetie mit dem Abschluss des Neuen Testaments für im wesentlichen beendet; zwar gestand er zu, dass auch in der christlichen Heilsgeschichte nach dem ersten Jahrhundert noch inspirierte Propheten auftreten konnten, doch waren sie dem strengen Massstab der Heiligen Schrift zu unterwerfen und überdies überflüssig. Der Christ hatte die für ihn relevante Prophetie in der Heiligen Schrift, insbesondere in der Johannesoffenbarung, vorliegen.

Trotz seiner eindeutigen Skepsis gegenüber dem Genus der ausserbiblischen Prophetie galt Joachim schon seinen Zeitgenossen als prophetisch inspiriert und wird im 13. Jahrhundert – etwa neben Hildegard von Bingen – zu einer der zentralen christlichen Prophetenfiguren, denen eine Reihe neu produzierter Prophetien zugeschrieben werden. Das hing wesentlich damit zusammen, dass er seinen Zeitgenossen als Prophet der Ankunft des Antichrist galt, obwohl er seine Aussagen über den zukünftigen Antichrist wie andere kommende Ereignisse auf seine Schriftexegese, nicht auf prophetische Eingaben stützte. Sein Selbstverständnis wurde aber in der breiteren, prophetisch interessierten Öffentlichkeit nicht rezipiert; den Unterschied zwischen prophetischer Exegese in Joachims Manier und neuen Prophetien verstanden viele nicht. So entstanden zahlreiche pseudonyme Texte, die mit Joachim nur den Namen gemein haben.

Für die Nachwirkung seiner authentischen Ideen und Konzepte ist eine Gruppe von in Italien entstandenen Schriften aus dem zweiten Drittel des 13. Jahrhunderts besonders aufschlussreich und wichtig, die in Aufmachung, Methodik und Thematik eng zusammengehören und vorgeben, von Joachim selbst verfasst worden zu sein. Eines der Hauptthemen dieser Texte, die Kritik am staufischen Geschlecht, insbesondere an Friedrich II., zeigt ihren prägenden geistes- und politikgeschichtlichen Hintergrund: die Auseinandersetzung zwischen Papsttum und Staufern, die im Bewusstsein vieler Zeitgenossen, nicht nur der Autoren der joachitischen Texte, eschatologische Dimensionen hatte. Zweiter Gegenstand der Kritik: der dekadente Weltklerus und die verkommene Kurie. In vielen der joachitischen Traktate dieser Zeit ist Friedrich II. ein – wenn auch verworfenes – Werkzeug Gottes zur Bestrafung und Reinigung der verdorbenen Kirche. Die Texte strukturieren und entwickeln ihre Ausführungen nach derselben Methode: fortlaufende Auslegung eines prophetischen Textes, sei er biblischer Herkunft wie die Bücher Jesaias oder Jeremias oder nichtbiblischen Ursprungs wie diverse Sibyllinen und Merlin zugeschriebene Vatizinien. Dementsprechend erhalten die Texte dann auch in der Überlieferung Titel wie *Super Hieremiam*, *Super Esaiam*, *Super Sibillis et Merlino*, *Super decem plagas*, *Super numerum hominis 666*. Neben der Pseudonymität benutzen diese Texte auch ein weiteres Kunstmittel, das für prophetische Texte im allgemeinen und apokalyptische Texte im besonderen typisch ist: sie pflegen die mit der Pseudonymität oft – und in unserem konkreten Fall natürlich notwendig – einhergehende fiktive Vorzeitigkeit: So gibt ein Teil von ihnen vor, Auftragsarbeiten Joachims für Kaiser Heinrich VI. zu sein; in mehreren von ihnen spielt der *Frater Raynerius*, ein historisch bezeugter Freund Joachims, eine Rolle, meist als Deuter der behandelten Prophezeiungen, von dessen Interpretation sich Pseudojoachim abgrenzt oder der er zustimmt.

Die grösseren dieser Texte, insbesondere die Grosstraktate *Super Hieremiam* und *Super Esaiam*, Kommentare zu biblischen Propheten, gewinnen eine grosse Bedeutung durch den Umstand, dass sie bis ins 19. Jahrhundert als authentische Texte Joachims galten und durch ihre Aussagen über das staufische Geschlecht in der Mitte des 13. Jahrhunderts die Glaubwürdigkeit der prophetischen Exegese Joachims bei Späteren wesentlich stärkten. Durch ihre grosse Verbreitung prägten sie die Rezeption der Ideen Joachims ganz wesentlich mit. Wie Joachims Werke sind sie bisher überwiegend nicht in kritischen Editionen zu greifen; die beiden genannten Grosstraktate wurden im frühen 16. Jahrhundert zusammen mit Joachims Hauptwerken gedruckt. Daneben gibt es aus dem zweiten Drittel des 13. Jahrhunderts unter der joachitischen Literatur noch mittelgrosse und kleine Traktate sowie einige, vermutlich von den Joachiten selbst verfasste Vatizinien, die in den joachitischen Traktaten eifrig ausgelegt werden. In kritischer Edition liegt erst der mittelgrosse Traktat *De oneribus prophetarum* vor; ich selbst arbeite im Rahmen eines von der Deutschen Forschungsgemeinschaft geförderten Projekts an der Edition des mittelgrossen Traktats *Super Sibillis et Merlino*, der beiden Kleintraktate *Super decem plagas* und *Super numerum hominis 666* sowie einiger in diesen Traktaten auftauchenden Prophetien.

Die Herkunft der joachitischen Traktate aus dem zweiten Drittel des 13. Jahrhunderts ist noch nicht abschliessend geklärt; waren anfänglich vor allem radikale joachitische Franziskaner im Gespräch, so werden mittlerweile auch Mitglieder von Joachims eigenem Orden, den Florensern, in die Diskussion gebracht. Sicher wissen wir, dass diese joachitischen Texte in den vierziger Jahren des 13. Jahrhunderts viele Franziskaner motivierten, auf der Seite der Päpste gegen Friedrich II. zu kämpfen. Ausführlich berichtet uns darüber insbesondere die Chronik des Franziskaners Salimbene, der selbst an Joachims Lehren glaubte und für sich und seine Gesinnungsgenossen den Begriff *Joachita* prägte, von dem der wissenschaftliche Begriff Joachit stammt, unter dem man einen Anhänger der Lehren Joachims versteht.

Für unseren Kontext ist von Bedeutung, dass in mehreren joachitischen Traktaten die bereits skizzierte Antichristtheologie Joachims von den drei wichtigen Antichristen auftritt, die jeder am Ende eines Zeitalters plaziert werden. Die Joachiten interpretieren nun auch den Antichrist am Ende des zweiten Status konkret: es handelt sich für viele unter ihnen um Friedrich II. Er steht vor dem Beginn des dritten Status, des Zeitalters des Friedens, das hereinbrechen wird, wenn seine Gewaltherrschaft beendet sein und er den verderbten Klerus gereinigt haben wird. Damit schreiben die joachitischen Traktate eine typische Funktion des zeitgenössischen Bildes vom End- und Friedenskaiser, nämlich die Reinigung und Reform der verderbten Kirche, Friedrich II. zu, den sie zugleich als Antichrist interpretieren – Endkaiser und Antichrist finden sie in gewisser Hinsicht in Friedrich II. vereint, war doch die herkömmliche positiv besetzte Rolle des Endkaisers, wie wir bereits gehört hatten, in Joachims Geschichtstheologie entfallen.

Eine besondere Plausibilität gewannen Joachims Konzepte für viele Zeitgenossen der staufisch-päpstlichen Kontroverse durch eine besondere eschatologische Zahl der Bibel: die 1260. Joachim hatte bei der Entwicklung seiner *concordia duorum temporum*, wie bereits gesagt, beiden Zeiten eine Dauer von 42 Generationen zugeschrieben und jede Generation zu 30 Jahren angesetzt. Das implizierte, dass dem Jahr 1260 = 42 mal 30, eine besondere eschatologische Rolle zukommen musste. So sagt es Joachim auch in seinem frühesten überlieferten Werk, das um 1176 entstand, der *Genealogia sanctorum patrum.* Später wurde Joachim sehr zurückhaltend mit genauen Datumsangaben; zwar kam den letzten beiden Generationen der christlichen Heilsgeschichte weiterhin eine besondere Bedeutung zu, zumal Joachim in ihnen den dritten Status von deutlich kürzerer Länge als die ersten beiden ansetzen musste. Aber Joachim gab für diese beiden letzten Generationen keine genaue Zeitdauer mehr an. Seine Schüler, die sogenannten Joachiten, waren nicht mehr so zurückhaltend. Angesichts der in Süditalien natürlich besonders zu spürenden Kämpfe zwischen den beiden höchsten Institutionen der Christenheit hatte die Jahreszahl 1260 für sie wieder eine ganz besondere Plausibilität. In den letzten Jahren des 5. Jahrzehnts des 13. Jahrhunderts war daher die Überzeugung gross, dass Friedrich bis 1260 wüten werde und dass dann eine Epoche des Friedens und der Ruhe, der dritte Status, der sogenannte Sabbat vor dem Weltende, einbrechen werde. Von Zeitgenossen wie insbesondere Salimbene de Adam wissen wir, dass Friedrichs Tod Ende 1250 für ihre eschatologischen Erwartungen ein Schock war. Salimbene sagt, er habe den Tod erst wirklich geglaubt, als er Innozenz IV. im Oktober 1251 darüber predigen hörte.

Diese Erfahrung brachte viele Joachiten dazu, von ihren Überzeugungen abzulassen. Einige Joachiten aber gingen dazu über, das zu betreiben, was man Konzept- und Datumsanpassung nennen kann, eine Beschäftigung, wie sie zu allen Zeiten der Christenheit von eschatologischen Gruppierungen betrieben werden musste, sei es von dem Apostoliker Fra Dolcino Anfang des 14. Jahrhunderts oder von der Neuapostolischen Kirche und den Zeugen Jehovas in unserem Jahrhundert. Die ihrem Grundansatz treuen Joachiten bildeten etwa die Überzeugung aus, Friedrich sei gar nicht tot, er wirke vielmehr im Hintergrund; andere entwickelten einen Friedrich III., der das Werk des zweiten zu Ende bringen sollte. Als dann der Aragonese Friedrich, der Ehemann einer Enkelin des Staufers Friedrich, 1283 die Herrschaft über Sizilien antrat und sich in Fortführung der staufischen Tradition *Fredericus tercius* nannte, sahen sich viele in ihren Spekulationen bestätigt. Die Datumsspekulationen um das Jahr 1260 wurde bei manchen zunächst dadurch gerettet, dass sie die 1260 Jahre von der Kreuzigung, nicht von der Geburt Christi an rechneten und damit Spielraum bis 1293 gewannen.

Nun, wir wissen alle, dass auch diese Datumsanpassung den folgenden Ereignissen nicht gerecht werden konnte. Die Anwendung joachitischer Spekulationen auf die staufisch-päpstliche Kontroverse wie auch das joachitische Jahr 1260 verloren schon Ende des 13. Jahrhunderts an Bedeutung; im 14. Jahrhundert gab es noch einen Nachfahren der hier behandelten joachitischen Traktate in Katalonien, das sogenannte *Breviloquium*, das den dritten Status und den Weltuntergang durch Datumsanpassung auf das letzte Drittel des 14. Jahrhunderts verschob. In der Folgezeit verloren die joachitischen Zahlenberechnungen aber zwangsläufig an Interesse, doch Joachims Theorie des dritten Zeitalters des Friedens auf Erden behielt ihre Faszinationskraft bis in unser Jahrhundert.

Schluss

Aufgrund des Übergangs in das dritte Jahrtausend der christlichen Zeitrechnung in anderthalb Jahren fragen wir im Rahmen unserer Ringvorlesung nach historischen Vorbildern für aktuelle apokalyptische Spekulationen. Unsere zeitgenössischen Apokalyptiker lassen sich von der allgemein zugänglichen Faszination des Jahrtausendwechsels anregen; in dem von mir behandelten historischen Fallbeispiel liegen die Dinge anders: Die dargestellte eschatologische Interpretation der staufisch-päpstlichen Kontroverse ging von der Lehre Joachims von Fiore, also von nicht allgemein bekanntem Sondergut aus.

War auch die Zahl 1260 eine der für eschatologische Berechnungen zur Verfügung stehenden Zahlen der Bibel, so wurde sie doch vor Joachim von Fiore nicht als zentrales Jahresdatum der Endzeit interpretiert. Joachim selbst gewann sie auch nur auf Umwegen über die Generationenberechnung der Dauer der jüdischen und der christlichen Heilsgeschichte und liess bald davon ab, sie als eindeutiges eschatologisches Datum zu fixieren. Erst die verschärften Auseinandersetzungen zwischen Friedrich und Gregor seit dem Ende der dreissiger Jahre des 13. Jahrhunderts verschafften dieser Zahl eine ganz neue Plausibilität, ebenso wie anderen Aspekten von Joachims Lehre wie etwa der Negativwertung des römisch-deutschen Reiches als kirchenverfolgende Instanz. Durch ihre Rezeption in Zweigen des im Kampf engagierten Franziskanerordens gewann Joachims Lehre eine unerwartete Durchschlagskraft und wurde als geschlossenes historisches Deutungssystem auf die Zeitgeschichte angewandt. Wie die meisten geschlossenen Systeme verlor es trotz seiner empirischen Widerlegung nicht völlig an Faszinationskraft, so dass Spätere sich immer wieder mit bestimmten Konzepten Joachims identifizierten. Mittlerweile sind die joachitischen Spekulationen im wesentlichen nur noch Gegenstand wissenschaftlichen

Interesses, aber die von ihnen populär gemachte Methode, die Texte der Bibel als detaillierte Prophetie über die gesamte christliche Heils- und Unheilsgeschichte zu deuten, findet sich auch heute noch bei vielen eschatologischen Gruppierungen – so etwa bei den Zeugen Jehovas oder bei der Christlichen Missionsgesellschaft sabbathaltender Adventisten.

Literaturhinweise:

zu den lateinischen Originalen der oben übersetzten Quellenstücke vgl. J.-L.-A. Huillard-Bréholles: Historia Diplomatica Friderici Secundi ..., Bd. 5, Teil 1, Paris 1857, S. 327–340 *(Ascendit de mari bestia)*, S. 348–351 *(In exordio nascentis mundi)*

zu Friedrich II. vgl. die klassische Darstellung von Ernst Kantorowicz: Kaiser Friedrich der Zweite, 2 Bde. 1927, 1931, Nachdruck Stuttgart 1980, sowie die neuere nüchternere Darstellung von David Abulafia: Herrscher zwischen den Kulturen. Friedrich II. von Hohenstaufen, Berlin 1991 und Eva Sibylle und Gerhard Rösch: Kaiser Friedrich II. und sein Königreich Sizilien, Sigmaringen 1995.

zu der in apokalyptischer Diktion geführten Kontroverse zwischen Friedrich II. und Gregor IX. vgl. Peter Segl: Die Feindbilder in der politischen Propaganda Friedrichs II. und seiner Gegner, in: Franz Bosbach (Hg.): Feindbilder: Die Darstellung des Gegners in der politischen Publizistik des Mittelalters und der Neuzeit, Köln/Weimar/Wien 1992, S. 41–71

zur eschatologischen Literatur des Mittelalters vgl. Bernard McGinn (Hg.): Encyclopedia of Apocalypticism Bd. 2: Apocalypticism in Western History and Culture, New York 1998, sowie die insgesamt sehr informative, gelegentlich aber fehlerhaft ins Englische übersetzte Quellensammlung von dems.: Visions of the End. Apocalyptic Traditions in the Middle Ages, New York [1]1979, [2]1998

zu Joachim von Fiore und seiner Nachwirkung vgl. Bernhard Töpfer: Das kommende Reich des Friedens, Berlin 1964; Marjorie Reeves: The Influence of Prophecy in the Later Middle Ages. A Study in Joachimism, Oxford [1]1969, New York [2]1993

zu Joachims Antichristlehre vgl. Robert Lerner: Antichrist and Antichrists in Joachim of Fiore, in: Speculum 60 (1985), S. 553–570, zu deren joachitischer Adaptation ders.: Frederick II. alive, aloft and allayed, in: Werner Verbeke u. a. (Hgg.): The Use and Abuse of Eschatology in the Middle Ages, Löwen 1988, S. 359–384, sowie demnächst Matthias Kaup: Friedrich II. und die frühen Joachiten, in: Jahrbücher/Annali des Italienisch-Deutschen Historischen Instituts/Centro per gli Studi Storici Italo-Germanici 1999

Marianne Chenou

Islamische Eschatologie: Die «Stunde» und ihre Vorzeichen

Der Koran

Betrachten wir den Koran, die Sammlung der zwischen 610 und 632 an Muhammad ergangenen göttlichen Offenbarungen, so stellen wir fest, dass am Anfang von Muhammads Verkündigung eine akute eschatologische Naherwartung steht. Die eschatologischen Ereignisse, nämlich Auferstehung der Toten, Weltende und Jüngstes Gericht, sind so dominant, dass sie bereits vorauswirkend das gesamte Leben der Menschen bestimmen.

In einem Wortspiel ist dieser Gedanke sehr schön ausgedrückt in Sure 55, Vers 7–9:

Und der Himmel, er hat ihn erhöht und die Waage aufgestellt,
auf dass ihr in der Waage euch nicht vergeht;
und wäget in Gerechtigkeit und vermindert nicht das Gewicht!

Anders gesagt bedeutet dies, dass der Mensch im Angesicht dieser eschatologischen Ereignisse sich ethisch so verhalten soll, dass er vor Gottes Richterstuhl bestehen kann. Die Waage bezeichnet das erste Mal das Requisit des Jüngsten Gerichts zum Abwägen der guten und schlechten Taten des Menschen, das zweite Mal den Bereich des Handels, bei dem der Mensch seinen Mitmenschen nicht betrügen soll.

Die wichtigsten koranischen Ausdrücke für diese eschatologischen Ereignisse sind yaum ad-d-n, der «Tag des Gerichts», oder as-sāʿa, «die Stunde».

Von dieser «Stunde» heisst es, sie sei unvermeidlich, sie komme plötzlich, die Ungläubigen leugneten sie, doch könne es an ihr keinen Zweifel geben.

Auch wenn diese «Stunde» unmittelbar bevorsteht, so ist doch ihr Zeitpunkt nicht bekannt (Sure 79, 42–45):

Sie werden dich nach der «Stunde» fragen:
wann ihr Termin ist?

Was weisst du von ihr zu sagen!
Bei Gott steht ihr Ende.
Du bist nur ein Warner für den, der sie fürchtet.

Der genaue Zeitpunkt der «Stunde» ist zwar nicht bekannt, doch lassen sich ihre Vorzeichen erkennen (Sure 47, 18):

Erwarten sie (= die Ungläubigen) denn etwas anderes, als dass die Stunde plötzlich über sie kommt? Ihre Vorzeichen sind bereits eingetroffen. Wenn sie über sie kommt, was nützt ihnen dann noch ihre Ermahnung?

Diese koranischen Vorstellungen zeigen grosse Übereinstimmungen mit der jüdisch-christlichen Tradition, und dies ist keineswegs ein Zufall, versteht sich doch der Koran als mit den göttlichen Offenbarungen an andere Völker im wesentlichen identisch. Die Zeit verläuft linear vom absoluten Ausgangspunkt, der Schöpfung, bis zum absoluten Endpunkt, dem Weltende und Jüngsten Gericht.

Es gibt jedoch in der koranischen Zeitauffassung nicht nur den linearen, sondern auch den zyklischen Aspekt: Dem eschatologischen Gericht am Ende der Zeiten geht eine Reihe von innerweltlichen, immer nach demselben Schema ablaufenden Strafgerichten über einzelne Völker voraus, die ihre heilsgeschichtliche Entscheidungsstunde erhalten, doch die göttliche Botschaft verworfen haben. Zudem ist die Auferweckung aller Toten im Grunde genommen dasselbe wie die erste Schöpfung, d. h. das Ende ist dem Anfang gleich, die anfängliche Schöpfung ist gleichsam der Beweis für die Realität dieser eschatologischen Ereignisse.

Nirgends im Koran ist hingegen von eschatologischen Figuren oder von einem ausführlichen endzeitlichen «Fahrplan» die Rede, vielleicht abgesehen von Dhu l-Qarnain (traditionellerweise mit Alexander dem Grossen identifiziert) in Sure 18, der eine eiserne Mauer gegen Gog und Magog baute, die am Ende der Zeiten durchbrochen wird.

Eine solch akute Naherwartung kann jedoch nicht beliebig lange aufrecht erhalten werden, da sonst der Mensch wegen der dauernden Hochspannung wahnsinnig würde. Im Verlauf der koranischen Verkündigung, vor allem seit der Auswanderung der Muslime nach Medina 622, der Hidschra, trat diese Naherwartung zugunsten des sich Einrichtens im diesseitigen Leben mit Normen und Gesetzen in einem theokratischen Staatswesen etwas in den Hintergrund, verschwand aber nie ganz.

Die nachkoranische Entwicklung:

Eschatologie war offenbar auch in der nachkoranischen Zeit ein vorrangiges und auch sehr populäres Thema; zum einen entsprach sie einem vitalen Bedürfnis der Gläubigen nach Trost, Erbauung und Sinnstiftung in Zeiten der Drangsal, zum anderen hatten eschatologische Themen immer auch einen grossen Unterhaltungswert, kamen sie doch der volkstümlichen Fabulierlust entgegen. Die Qussas, die professionellen Geschichtenerzähler, konnten einer grossen Zuhörerschaft und lukrativer Einnahmen gewiss sein, wenn sie Endzeit und Jenseits in den anschaulichsten und spektakulärsten Details ausmalten. Sie, aber auch seriöse Religionsgelehrte, machten dabei gerne Anleihen bei den Juden und Christen. Hauptquelle dafür ist der Hadith, die riesige Literatur der Prophetentraditionen.

So entwickelte sich ein Repertoire von eschatologischen Vorstellungen, einerseits bezüglich der Vorzeichen der «Stunde», andererseits bezüglich eschatologischer Figuren.

Die Vorzeichen der «Stunde» sind teils kosmologischer Art, teils religiös-moralisch-sozialer Art; sowohl die Ordnung der Natur als auch die soziale Ordnung werden aufgelöst. So wird die Sonne im Westen aufgehen, Naturkatastrophen und Seuchen werden die Erde verwüsten. Unwissen und Unglaube nehmen in der Gesellschaft überhand, die soziale Ordnung wird auf den Kopf gestellt.

Es entsteht auch ein Repertoire an eschatologischen Gestalten, das sowohl positive wie negative Figuren umfasst.

Die wichtigste negative Figur ist der *Daddschal*, der als eine Art Antichrist auftritt, manchmal als Satan selbst, manchmal als eschatologischer König. Sein Äussseres wird in vielen Einzelheiten beschrieben; so soll er krause rote Haare haben, korpulent, einäugig sein etc. – wohl eine Konzession an den Publikumsgeschmack!

Eine positive Gegenfigur des Daddschal ist *Isa* (= Jesus), der schon im Koran eine wichtige Rolle als Prophet und Vorläufer Muhammads spielt und dessen Wiederkunft auch im Islam erwartet wird. Er wird vom Himmel ins Heilige Land hinabsteigen, den Daddschal mit einer Lanze töten, dann in Jerusalem hinter dem Imam das islamische Ritualgebet, die Salat, verrichten, darauf wird er das Schwein töten und das Kreuz zerbrechen, die Synagogen und Kirchen in Trümmer legen und alle Christen, die nicht an ihn glauben, töten. Neben Isa kennt die nachkoranische Tradition eine weitere endzeitliche Erlöserfigur, den *Mahdi*, der allerdings manchmal auch mit Isa gleichgesetzt wird. Mahdi ist kein Name, sondern ein Titel und bedeutet «der Rechtgeleitete, unter göttlicher Führung Stehende». Der Mahdi wird der letzte grosse Erneuerer (mudschaddid) des Glaubens in einer Zeit sein, in der die Menschen vom Glauben abgefallen und durch und durch weltlich gesinnt sind.

Die Beschreibung der Vorzeichen wie auch der Figuren blieb so vage, dass sich dieses eschatologische Repertoire beliebig aktualisieren liess.

Zugleich stellte sich die Tendenz ein, die eschatologischen Ereignisse vor dem eigentlichen Ende von Zeit und Welt in die Länge zu ziehen und einen «Fahrplan» dafür aufzustellen:

- Zeichen der Endzeit, Erscheinen des Daddschal, der fast alle Menschen in die Irre führen wird.
- Herabkunft Isas oder des Mahdi (Isa kann selbst der Mahdi sein), Tötung des Daddschal, dann folgt eine Zeit der Gläubigkeit.
- Erster Trompetenstoss, der alle Lebewesen tötet.
- Nach einer gewissen Zwischenzeit erfolgt ein zweiter Trompetenstoss, der alle Wesen wieder ins Leben zurückruft und am Platz der Zusammenkunft (al-mahschar) vereinigt.
- Daran schliesst sich ein langes Warten in Gegenwart Gottes an, bis schliesslich das Jüngste Gericht beginnt, bei dem Gott an jeden einzelnen persönlich Fragen stellt. Es liegen Bücher auf, in denen die guten und schlechten Taten der Menschen verzeichnet sind.
- Die Menschen werden dann dem Paradies oder der Hölle zugeteilt, wobei verschiedene Elemente eine Rolle spielen: die Brücke über die Hölle ins Paradies (sirat), Muhammads Fürbitte (er ist der einzige aller Gottesgesandten und Propheten, der es wagt, als Fürsprecher aufzutreten).

Da mit dem Tod des Propheten das Ende der unmittelbaren göttlichen Rechtleitung gekommen war und man die Geschichte sehr pessimistisch als eine Zeit allmählichen, aber unumkehrbaren Verfalls sah, erschien es einleuchtend, am Ende der Geschichte auf eine Wiederherstellung der idealen Urzeit und eine göttlich inspirierte, messianische Führergestalt, eben den Mahdi, den Rechtgeleiteten, zu hoffen. Die Tatsache, dass die Mahdifigur quer durch alle Richtungen des Islam zu finden ist, zeigt, dass dieser Glaube ziemlich früh, d.h. schon gegen Ende des 7. Jahrhunderts, entstanden ist.

Eine Vereinheitlichung und Systematisierung dieser z.T. divergierenden Vorstellungen erfolgte im sunnitischen Islam allerdings nie; dies hängt höchstwahrscheinlich damit zusammen, dass die Eschatologie in der offiziellen sunnitischen Theologie nie ein Thema war, sondern ausschliesslich der «niederen» Ebene der volkstümlichen Religiosität überlassen blieb.

Stellvertretend für die äusserst zahlreichen Hadithe soll uns ein Zitat aus der Muqaddima (Prolegomena) des berühmten Universalhistorikers Ibn Khaldun aus dem 14. Jh. die sunnitischen Eschatologievorstellungen zusammenfassen; es ist ziemlich dürr und überquillt nicht gerade von Sympathie für diese:

Es ist über die Jahrhunderte hin von der muslimischen Allgemeinheit durchaus akzeptiert, dass am Ende der Zeit gewisslich ein Mann aus dem Hause des Propheten aufstehen muss, der den Glauben stützen und der Gerechtigkeit zum Sieg verhelfen wird, dem die Muslime folgen werden, und der über die muslimischen Reiche herrschen wird, er wird al-Mahdi genannt werden. Das Erscheinen des Daddschal und der anderen Zeichen des Jüngsten Tages, wie sie in der echten Tradition festgestellt sind, wird [seinem Auftreten] folgen. Jesus wird nach seinem Kommen niedersteigen und den Daddschal töten; oder aber er wird mit [dem Mahdi] zusammen niedersteigen und ihm bei der Tötung behilflich sein; und beim Gebet wird Jesus dem Mahdi als seinem Imam folgen (d. h. er wird hinter ihm das rituelle Gebet verrichten).

Damit ist ein wichtiges Stichwort gegeben: schon sehr früh – wenige Jahrzehnte nach Muhammads Tod – spaltete sich die islamische Welt an der Frage der Nachfolge Muhammads in mehrere Richtungen: Sunniten – Schiiten – Kharidjiten. In der Entwicklung der Eschatologie gingen die verschiedenen islamischen «Konfessionen» getrennte Wege. Für die Sunniten, die sich selbst ahl as-sunna wal-dschamaa (Leute der Sunna, d. h. der Praxis des Propheten und der Gemeinschaft) nannten, war die Einheit der umma, der Islamgemeinde, oberstes Gebot. (Nicht zufällig stellen die Sunniten zahlenmässig die überwiegende Mehrheit der Muslime). Um dieser Einheit willen waren die Sunniten bereit, auch einen unbefriedigenden Status quo wenn irgend möglich zu akzeptieren, vor allem was die Person des Kalifen, seine Abstammung oder seine moralischen Qualitäten betraf. Der sunnitische Islam neigte deshalb zu Quietismus und Erdulden ungerechter Herrschaft. Dafür nahmen die Sunniten ihren Kalifen trotz einem gewissen religiösen Nimbus jegliche aktive, kreative religiöse Funktion, z. B. die Möglichkeit der Rechtsbildung; die sunnitischen Kalifen waren nur ausführende Organe des göttlichen Willens.

Im sunnitischen Islam – im offiziellen wenigstens – hatten die Gläubigen jede chiliastische Hoffnung aufzugeben; es ist zwar zugesagt, dass der verheissene Mahdi am Ende der Geschichte, nach einer Zeit widergöttlicher Unordnung, die satanischen Widersacher vernichten und ein Reich der Gerechtigkeit errichten wird, aber für die Gläubigen kann dieses Versprechen keinen Beweggrund für umstürzlerische Machenschaften abgeben, die die Einheit der Gemeinde gefährden könnten.

Ganz anders im schiitischen Islam: Für die Schiiten zählte weniger die Einheit der umma als die Figur des charismatischen Führers. An der Spitze der Gemeinde der Gläubigen musste ein Nachkomme Alis, des Cousins und Schwiegersohns des Propheten Muhammad, stehen. Ali war zwar der vierte Kalif geworden, konnte sich aber nie vollständig durchsetzen und wurde 661 ermordet; nicht besser erging es seinem Sohn, dem Prophetenenkel al-Husain. Trotzdem hielten die Schiiten, die Parteigänger Alis, an den alidischen Imamen, den Leitern der Islamgemeinde, fest. In der sunnitischen Mehrheit war die Schia jahrhundertelang eine minoritäre Untergrundbewegung; ihre Imame erlitten entweder ein Märtyrerschicksal oder fristeten eine eher klägliche Existenz als de facto-Gefangene der sunnitischen Kalifen. Im Glauben der Schiiten stiegen sie aber immer höher, man schrieb ihnen als den leiblichen Erben einer prophetischen Substanz schliesslich gar Unfehlbarkeit und Sündlosigkeit zu. Diese wegen der Diskrepanz zwischen Ideal und Realität unerträgliche Situation endete damit, dass das Ganze ins Eschatologische kippte: unter den Schiiten tauchte schon relativ früh die Idee auf, der letzte alidische Imam sei in die Verborgenheit entrückt worden und werde am Ende der Zeiten als der Mahdi, der von Gott geleitete gerechte eschatologische Herrscher, wiederkommen. An der historischen Person des entrückten Imam spalteten sich die Schiiten gleich mehrfach. Die beiden Hauptgruppen heissen nach dem siebten bzw. zwölften Imam, der nach ihrem Glauben entrückt wurde, Siebnerschia bzw. Zwölferschia. Diese beiden Richtungen der Schia unterscheiden sich nicht nur in der Zahl ihrer Imame, sondern auch in ihrer Grundhaltung erheblich: die Siebnerschia vertritt den politisch-religiösen Aktivismus; die Ankunft des verheissenen Mahdi muss mit Handeln und Kämpfen aktiv beschleunigt werden. Zur Siebnerschia gehören die Fatimidenbewegung, die Assassinen und die Drusen.

Die Zwölferschia sieht ihre Aufgabe eher darin, im nichtschiitischen Staat der Unwahrheit auszuharren, bis der 874 entrückte zwölfte Imam als Mahdi wiederkehren und alles Widergöttliche vernichten würde. Spekulationen darüber, wann dies der Fall sein werde, wurden immer wieder auch unter Zuhilfenahme der Astrologie und von Berechnungen aufgrund des Zahlenwertes der arabischen Buchstaben angestellt.

Es kam mehrfach dazu, dass diese eschatologischen Hoffnungen historisch aktualisiert wurden, d.h. dass Mahdiprätendenten auftraten. Dies war immer dann der Fall, wenn das Los einer bestimmten Bevölkerungsgruppe besonders drückend war und die Menschen deshalb besonders glühend auf eine entscheidende Zeitenwende hofften. Dies geschah vor allem innerhalb der Schia, hier insbesondere in der Siebnerschia, kam aber auch im sunnitischen Islam mehrfach vor, denken wir an die Almohadenbewegung des Ibn Tumart im Nordafrika des 12. Jahrhunderts.; Ibn Tumart nahm den Thronnamen al-Mahdi an, bevor er den Dschihad gegen das Almoravidenregime begann. Im 19. Jahrhundert erlebte Schwarzafrika im Kontext des beginnenden Kolonialismus gar mehrere Mahdibewegungen, deren bekannteste die des Muhammad Ahmad (1843–1885) im Sudan war; aber auch in Westafrika traten im Verlauf von Dschihadbewegungen zur Bekämpfung des Heidentums und der synkretistischen Formen des Islam sowie des zunehmenden europäischen Einflusses zahlreiche Mahdis auf, die ihre Berufung in der Regel mit Traumvisionen legitimierten.

Literaturhinweise:

Halm, Heinz: Der schiitische Islam. Von der Religion zur Revolution, München 1994
Laoust Henri: Les schismes dans l'islam, Paris 1965
Paret, Rudi (Hg.): Der Koran. Kommentar und Konkordanz, Stuttgart 1971

Peter Hassler

Altamerikanische Vorstellungen von Endzeit und Schöpfung

Einführung

Kultur-Areale

Das präkolumbische Amerika war der sprachenreichste Erdteil. Auf ihm wurden einst über 600 Sprachen gesprochen, die zu 125 Sprachfamilien zusammengefasst werden können.[1]

Nebst der sprachlichen bestand im indianischen Amerika auch eine kulturelle Vielfalt von Alaska bis Feuerland: von nomadisierenden Jägern und Sammlern bis hin zu hochspezialisierten Gesellschaften mit einem ausgebauten Staatsapparat und einer komplexen Bürokratie. In der Ethnologie werden diese verschiedenen Kulturen in mehrere Kulturareale aufgeteilt. Aus zwei solchen Arealen, Mesoamerika und dem Andenraum, werden im folgenden die wichtigsten Schöpfungsmythen und Endzeitvorstellungen vorgestellt.

Mesoamerika

Mesoamerika ist kein geographischer, sondern ein kulturhistorischer Begriff, der in den 40er Jahren dieses Jahrhunderts geprägt wurde. Paul Kirchhoff trug charakteristische Kulturmerkmale zusammen, die bei den indianischen Völkern in Mexiko südlich des Rio Grande, ferner in Belize, Guatemala, El Salvador, im Westen von Honduras und Nicaragua sowie im Nordwesten von Costa Rica vorzufinden sind. Zu den gemeinsamen Kulturgütern gehören stufenförmige Tempelpyramiden und Ballspielplätze, die wie ein langgezogenes H aussehen, des weiteren ein Kalendersystem sowie ein ausgebildetes Zahlensystem mit der Null und dem Stellenwert auf der Basis der Zahl 20, das Vigesimalsystem. Weiter trifft man auf leporelloartige Faltbücher aus Feigenrindenbastpapier und Hirschleder sowie auf aus Pyrit oder Obsidian geschliffene Spiegel. Ferner begegnet man zahlreichen Gemeinsamkeiten im Götter-Pantheon wie auch im Ritual, etwa der Opferung von Wachteln oder der Selbstkasteiung durch Blutentnahme. Weit bekannt sind die Menschenopfer, die als Charakteristika insbesondere der Azteken gelten. Es ist viel geschrieben und gerätselt worden, wie und warum diese Opfer praktiziert worden sind, aber bislang hat man es versäumt zu fragen, ob sie überhaupt stattgefunden haben.

Vor der Ankunft der Spanier kontrollierten die Azteken von Tenochtitlan aus, das mit den Städten Tetzcoco und Tlacopan zu einem Dreibund zusammengeschlossen war, weite Teile von Mexiko, die flickenteppichartig über das Land verteilt waren. Mitten im aztekischen Territorium befanden sich verschiedene autonome Stadtstaaten und Fürstentümer, darunter der Dreibund von Tlaxcala, Cholula und Huexotzinco. Auch die Maya waren in Stadtstaaten organisiert. Der mächtige Städtebund in Yukatan, die Liga von Mayapan, verfiel jedoch bereits im 15. Jahrhundert. Das Gebiet der Maya zergliederte sich daraufhin in zahlreiche kleine Fürstentümer.

Andenraum

Der Andenraum wurde im 15. Jahrhundert von den Inka geprägt, einem Herrschergeschlecht, das seine Macht vom Zentrum Cuzco aus im Norden bis über Quito und im Süden bis nach Santiago de Chile ausgedehnt hatte. Das Imperium der Inka, welches sie selbst Tahuantinsuyu, ‹die vereinigten vier Weltgegenden› nannten, umfasste zu seiner Blütezeit ca. 1 Mio. qkm. Den ‹vier Weltgegenden› entsprechen in etwa die vier geographischen Grossräume des Andengebiets, die Küstentäler im Westen, der Bergwald im Osten und im Norden der peruanische bzw. im Süden der bolivianische Altiplano.

Die Inka erklärten ihre Sprache, das Ketschua, zur Amtssprache und kontrollierten ihr Reich über ein ausgedehntes Strassennetz, auf welchem sie ein effizientes System von Meldeläufern unterhielten. In dem hochkomplexen Staatsapparat der Inka war jedoch die Thronfolge nicht geregelt.

Zur Zeit der Ankunft der Spanier im 16. Jahrhundert wurde das Imperium aufgrund eines Erbfolgestreits unter den Thronanwärtern der Inka von Bürgerkriegen erschüttert. Deswegen ist es den Spaniern mit tatkräftiger Unterstützung von Indios aus den Reihen der zerstrittenen Parteien schliesslich gelungen, das Reich der Inka zu zerschlagen. In Vilcabamba, dem kleinen Rückzugsgebiet im Hinterland von Cuzco, konnten sich die Inka noch einige Zeit halten. Machu Picchu[2], eine ihrer Städte, wurde erst 1911 entdeckt. Sie war bis zum Ende des 18. Jahrhunderts besiedelt.

Quellen

Als Antwort auf die Frage, woher wir das Wissen über die altamerikanischen Kulturen beziehen, sind die archäologischen Zeugnisse an erster Stelle zu nennen. Von dem guten Dutzend mexikanischer Bilderhandschriften und den vier Maya-Hieroglyphen-Codizes, die aus präkolumbischer Zeit stammen, sowie von den Quipus, den auf einer Mnemotechnik basierenden Knotenschnüren der Inka einmal abgesehen, sind erst nach der Ankunft der Spanier schriftliche Zeugnisse überliefert. Dabei überwiegt die Zahl der Quellen aus Mesoamerika deutlich diejenige aus dem Andenraum. Diese Schriften stammen aus der Feder spanischer Konquistadoren, Missionare und Chronisten sowie bisweilen auch von christianisierten Indianern, welche die europäische Schrift erlernt hatten. Die indianischen Berichterstatter gehörten dem alten Adel an und erfuhren in den klösterlichen Konventen eine (teils humanistische) Ausbildung, die nicht selten ein sehr hohes Niveau erreichte. In Mexiko zeichneten sie die Berichte oft in ihrer Muttersprache in lateinischer Schrift auf, vornehmlich in Nahuatl, d. h. dem Aztekischen bzw. Mayathan, der Sprache der Maya in Yukatan, sowie in einigen anderen Sprachen. Bisweilen ergriffen die indianischen Chronisten zwar Partei für die Kultur ihrer Gross- und Urgrossväter, doch der Einfluss der christlichen Missionsschulen zeigt sich deutlich in der Verteufelung der alten Religion, die explizit als «Werk des Satans» verworfen wurde. Es liegt also die paradoxe Situation vor, dass die geistige Kultur des präkolumbischen Amerika stets von Aussenstehenden, d. h. aus zweiter Hand, präsentiert wird. Im Gegensatz zu den schriftlichen Zeugnissen aus dem alten Indien oder China, welche von Vertretern der autochthonen Kultur, von Dichtern, Gelehrten und Philosophen u. a. m. verfasst worden sind, fehlen im indianischen Amerika Überlieferungen von Leuten, die in der alten Tradition gestanden haben. So gibt es z. B. keine Stellungnahme eines aztekischen Priesters zu den angeblichen Menschenopfern, ja nicht einmal ein authentischer Augenzeugenbericht von spanischer Seite ist in den Quellen verzeichnet.

Die Basis für die moderne Geschichtswissenschaft ist die Methode der Quellenkritik. Sie wurde vor mehr als 150 Jahren von Leopold von Ranke begründet. In die Kultur-Anthropologie fand sie erst in den 50er Jahren dieses Jahrhunderts als Ethnohistory Eingang. In der Alt-Amerikanistik und Mexikanistik tun sich jedoch heute noch etliche gelehrte Vertreter schwer damit. So werden die Menschenopfer der Azteken und anderer indianischer Völker als gesicherte Tatsache betrachtet, obwohl bislang nie eine grundlegende quellenkritische Arbeit darüber geschrieben worden ist.[3]

Menschenopfer – eine kritische Betrachtung

Immer noch gelten die Menschenopfer in breiten Kreisen als das charakteristische Merkmal der aztekischen Kultur. Doch nie hat die Archäologie Massendeponien der angeblichen Hekatomben von Geopferten finden können. Der ‹klassische Augenzeugenbericht›, der oft als exemplarischer Beweis für die Menschenopfer herangezogen wird, stammt aus der Feder von Bernal Díaz del Castillo, einem Soldaten im Tross von Hernân Cortés. Der Schauplatz, die Haupttempelpyramide von Tenochtitlan, lag jedoch sechs bis acht km vom Standort des ‹Augenzeugen› entfernt. Der Erfinder dieser Lüge war jedoch Cortés selber, der vor Kaiser Karl V. dringend eine Rechtfertigung seiner Taten brauchte, da er sich ohne Befugnis seiner kaiserlichen Majestät anschickte, das mexikanische Festland zu erobern, obschon er es nicht einmal hätte betreten dürfen. Zudem konnte Cortés gewiss sein, dass seine Menschenopfer-Geschichten in Spanien auf empfängliche Ohren treffen würden. Im 15./16. Jahrhundert grassierten nämlich in ganz Europa Ritualmordlügen über die Juden, die man eben erst, zusammen mit den Mauren, von der iberischen Halbinsel vertrieben hatte.

Einwände von indianischer Seite bezüglich der Menschenopferberichte sind bislang als Revisionismus abgetan worden. Dies gilt beispielsweise auch für die Kritik des Mestizen Garcilaso de la Vega el Inca, der diese Praktiken in seiner Chronik über die Inka bestritten hat.

Im Lichte der Symbolforschung ergeben sich gänzlich andere Möglichkeiten, die präkolumbischen Darstellungen von Tötungen zu verstehen. So erläutert Jill Leslie Furst in ihrem Kommentar zum Codex Vindobonensis Mexicanus 1, einer 13 m langen Bilderhandschrift der Mixteken, die Darstellungen einer enthaupteten Frau als die Agaven-Göttin anhand eines z. T. heute noch praktizierten Rituals, bei dem der personifiziert vorgestellten Agave die Spitze, der ‹Kopf›, abgeschlagen, das Vegetationszentrum, das ‹Herz›, herausgeschnitten wird, so dass sich der Agavensaft darin sammeln kann. Nach dem Gärungsprozess entsteht daraus der Pulque, ein beliebtes Getränk, das zudem zu rituellen Zwecken verwendet wurde. Ferner bedeutet die aztekische Metapher yollotli-eztli, «Herz und Blut», schlichtweg Kakao, das köstliche, im alten Mexiko nur dem Adel vorbehaltene Getränk. – Das Herz ist eben nicht nur in den europäischen Sprachen ein symbolträchtiges Organ.

Der mesoamerikanische Kalender

Ein weiteres, echtes, Merkmal der mesoamerikanischen Kulturen ist ihr Kalender. Dieser prägte nicht nur das geistige und religiöse Leben, sondern auch den Alltag der indianischen Völker. Auch für das Verständnis der Mythen ist er von entscheidender Bedeutung. Der grosse Maya-Forscher, John Eric Sydney Thompson, sprach sogar von einer «Philosophie der Zeit».

Im Mittelpunkt steht ein 260tägiger Ritualkalender, den die Azteken tonalpohualli (Zählung der Tage) und die Maya tzolkin nannten. Er wird durch die Kombination von 20 Tageszeichen und den Zahlen 1 bis 13 gebildet: 13x20=260. Die Tageszeichen lauteten – z.B. bei den Azteken – cipactli (Kaiman), ehecatl (Wind), calli (Haus), cuetzpalin (Eidechse), coatl (Schlange), miquiztli (Tod), maçatl (Hirsch), tochtli (Kaninchen), atl (Wasser), itzcuintli (Hund), oçomatli (Affe), mallinalli (Gras), acatl (Rohr), ocelotl (Jaguar), quauhtli (Adler), cozcaquauhtli (Geier), ollin (Bewegung), tecpatl (Feuerstein), quauitl (Regen) und xochitl (Blume). Die Tage wurden nach ihren Kalendernamen benannt: 1-Rohr, 4-Hund etc. Auch die Kinder erhielten neben einem Rufnamen den Kalendertag als rituellen Namen, dem eine wichtige astrologische Bedeutung zukam. Er wurde von den Kalenderkundigen zur Mantik und Divinatorik, zur Weissagung der Zukunft also, herangezogen, ferner bei wichtigen gesellschaftlichen Ereignissen, wie z.B. bei der Heirat, aber auch zur Diagnose von Krankheiten. So war ‹8-Hirsch› ein bedeutender Fürst der Mixteken, dessen Geschichte in mehreren Bilderhandschriften erzählt wird.

Die Zahl 260 entspricht in Tagen ungefähr der Dauer einer Schwangerschaft, aber auch in etwa den Sichtbarkeitsperioden des Planeten Venus als Abend- bzw. Morgenstern, dem in Mesoamerika eine herausragende Bedeutung zukam.

Der 260tägige Ritualkalender wurde mit dem nicht-schaltenden 365tägigen Sonnenjahr kombiniert. Der Kalendername des 260tägigen Zyklus, der auf den Neujahrstag fiel, gab dem Sonnenjahr seinen Namen. So sprach man z.B. vom Tag 13-Blume im Jahr 4-Rohr. Der grösste gemeinschaftliche Teiler von 260 und 365 ist 5. Somit ergibt sich aus der Kombination der beiden Zählungen ein Zyklus von 260x365/5=18980 Tagen, was 52 nicht-schaltenden Jahren entspricht. Diesen nannten die Azteken xiuhmolpilli, ein ‹Jahresbündel›. Im Rhythmus von 52 Jahren wurden die Pyramiden, Tempel und andere öffentliche Gebäude überbaut. Dem xiuhmolpilli kam daher eine religiöse Bedeutung im Sinne einer zyklischen Erneuerung zu und dürfte vielleicht auch ungefähr der damaligen Lebenserwartung entsprochen haben. Die religiösen Vorstellungen, die sich mit einem Grosszyklus von 520 Jahren verbunden haben, dürften wahrscheinlich – neben möglichen ökologischen und politischen Veränderungen – einer der Gründe sein, warum die Maya im 10. Jh. plötzlich zahlreiche blühende Städte und Zentren im Regenwald des Petén verlassen haben.

Schöpfungsmythen

Die Erschaffung der Welt

[Und folgendes ist die Erzählung,]
wie alles ruhig
und still war,
wie ruhig,
sanft ebbend,
schweigend
und leer (verlassen)
das Innere des Himmels war.
Und folgendes ist das erste Wort,
das Erstgesagte:
Es gab noch keinen Menschen,
(es gab noch) keine Tiere (Vierfüssigen),
(keinen) Vogel, Fisch, Krebs,
(kein) Holzbild, (kein) Steinbild,
(keine) Höhle, (keine) Talschlucht,
(kein) Gras, (keinen) Wald.
Einzig der Himmel existierte.
Noch nicht war sichtbar die Oberfläche der Erde.
Nur in Ruhe lag da das Meer,
ganz im Himmel eingeschlossen.

Es gab nichts,
das sich zu einer Kugel (einem Körper) geformt hätte
(oder) das Schichten gebildet
oder auch nur Fäden gebildet hätte,
das eine zusammengeballte Masse
oder eine Schicht gebildet hätte im Himmel.
Es gab nichts Seiendes
noch Stehendes (das existiert oder seine Stelle gehabt hätte).
In Ruhe lag das Wasser da,
in langsamer Bewegung das Meer.
Nichts als Ruhe herrschte.
Nichts Seiendes gab es.
Nur Stille und Ruhe
in der Finsternis, in der Nacht.
Einzig die Erbauerin, der Erzeuger,
der Herr K'ucumatz,
die Mütter, die Väter,
sind im Wasser als leuchtende Körper.
Sie sind dort vergraben (ganz eingehüllt)
in Quetzalfedern und Türkis.
Daher kommt der Name K'ucumatz.
Grosse Weise sind sie,
[grosse Kundige sind sie].[4]

So beginnt der archaische Mythos von der Erschaffung der Welt, die als indianische Variante des ‹Tohuwabohu› (‹wüst und leer›) an die Schöpfungsgeschichte der Genesis erinnert. Sie entstammt dem Popol Vuh, dem ‹Buch des Rates›, der heiligen Überlieferung der Quiché-Maya in Guatemala.

K'ucumatz (Quiché) sowie Kukulcan (Mayathan) sind wörtliche Übersetzungen von ‹Quetzalcoatl› (Aztekisch bzw. Nahuatl) und bedeuten in diesen Sprachen ‹gefiederte Schlange›. Diese Gottheit durchzieht das gesamte Pantheon der Völker Mesoamerikas in vielfältiger Gestalt. Sie ist als Windgott der Schöpfer der Welt und der Menschen; und in der Gestalt des Morgensterns ist Quetzalcoatl der Vorbote der Sonne, des Lichts, Bringer der Kultur sowie weiser Fürst in Tollan, der ersten Stadt der Welt. Als Kulturheros erfindet er die Schrift. In der Symbolik der Sprache vereinigt er die kosmischen Gegensätze: ‹quetzal-li›, die Feder des heiligen Quetzal-

Abbildung 1

Kalenderstein der Azteken, Tenochtitlan
(Museo Nacional de Antropología e Historia de México)

Abbildung 2

Teotihuacan, Mexiko, Sonnenpyramide

vogels, steht als pars pro toto für den Himmel, die Sonne, das Licht, und ‹coatl›, die Schlange, für die Erde, die Unterwelt und die Nacht. Als «coniunctio oppositorum» (Verbindung von Gegensätzen) steht ‹Quetzalcoatl› somit für den Inbegriff indianischer Metaphysik.

Die Weltzeitalter

Den Mythen der Azteken entsprechend wurde die Welt nicht in einem Mal erschaffen. Dem gegenwärtigen Zeitalter gingen vier frühere voraus; dementsprechend folgten fünf Sonnen aufeinander. Die erste Weltperiode ist dem Tag ‹4-Wasser› zugeordnet, sie hiess die ‹Wasser-Sonne›. Quetzalcoatl hatte sie und die zu dieser Zeit lebenden Menschen geschaffen. Diese Welt wurde jedoch vom Wasser fortgerissen, und die Menschen verwandelten sich in Fische. Es folgte darauf die ‹Jaguar-Sonne›, die im Zeichen des Tages ‹4-Jaguar› stand. Dieses Zeitalter endete damit, dass der Himmel einstürzte und die Sonne ihrem Lauf nicht mehr folgte, so dass es schon am Mittag finster wurde. Darauf tauchten Jaguare auf und frassen die als Riesen geschaffenen Menschen auf. Das dritte Weltzeitalter war mit dem Tag ‹4-Regen› verbunden und wurde ‹Regen-Sonne› genannt. Sie ging in einem Feuerregen unter, in dem alle Menschen verbrannten. Der Tag ‹4-Wind› bestimmte die ‹Wind-Sonne› der vierten Weltperiode. Ein stürmischer Wind zerstörte diese Welt, und die Menschen wurden in Affen verwandelt. Das fünfte Zeitalter, die Gegenwart, begann mit der ‹Sonne der rollenden Bewegung›; es wird durch den Tag ‹4-Bewegung› gekennzeichnet.[5]

Das Mythologem der mehrfachen Schöpfung der Welt ist in Mesoamerika weit verbreitet und tritt in verschiedenen Varianten auf.[6]

Zur Erschaffung des Menschen stieg Quetzalcoatl in seiner Gestalt als Windgott in die Unterwelt hinab zu Mictlantecutli, dem Herrn des Todes. Er raubte ihm den Edelsteinknochen, dessen Mehl er mit dem Blut der Götter vermischte, um den Menschen zum Leben zu erwecken. Es herrschte noch Finsternis, als sich die Götter in Teotihuacan[7] versammelten und ratschlagten, wie es Licht werde. Als sich Nanahuatzin, der erste Mensch, und Tecuciztecatl, der Mondgott, in das Feuer des Götterofens gestürzt hatten, gingen Sonne und Mond auf, in die sich die beiden verwandelt hatten. Doch mitten am Himmel standen die Gestirne still und bewegten sich nicht. Erst als auch die übrigen Götter sich in die Flammen warfen, kam ein Wind auf, der die Gestirne in Bewegung setzte. Seither kreisen sie am Firmament. Bezeichnenderweise geschah dies im Zeitalter ‹4-Bewegung›.

Abbildung 3

El Tajín, südlicher Ballspielplatz, Relief 4

Das ewige Wechselspiel von Tag und Nacht, von Licht und Finsternis spiegelt sich im Kampf der Götter, in dem der Sonnengott die Sternengötter vertreibt und umgekehrt. Auch im Mythos von Huitzilopochtli, dem Sonnen- und Stammesgott der Azteken, ist dieses Motiv zu erkennen. Die Erdgöttin Coatlicue wurde von einer Daunenfeder, die in ihren Schoss fiel, schwanger. Ihre Tochter Coyolxauhqui, die Mondgöttin, glaubte, unehrenhafte Umstände hätten zur Schwangerschaft ihrer Mutter geführt. Daher stachelte sie ihre 400 Brüder, die Centzonhuiztnahua (Sternengötter), auf, ihre Mutter zu töten. Gerade als diese sich anschickten, sie umzubringen, wurde Huitzilopochtli in voller Kriegsmontur auf übernatürliche Weise aus der Seite von Coatlicue geboren. Er zerstückelte seine böse Schwester, die Mondgöttin, und vertrieb seine Brüder.[8]

Das kosmische Geschehen, der Antagonismus von Licht und Finsternis, findet sein Abbild auch im Ritual des Ballspiels, das in ganz Mesoamerika verbreitet war. Über die Spielregeln ist jedoch so gut wie nichts bekannt. Trotz fehlender Quellen halten verschiedene Autoren es für gesichert, dass jeweils die Verlierer-Mannschaft und bisweilen die Sieger geopfert wurden. Abgesehen von den Nachwuchsproblemen, die sich bei einer solchen Praxis rasch ergeben würden, macht es wohl wenig Sinn, die Ballspieler physisch zu töten, wenn sie – wie im Popol Vuh – wieder auferstehen sollen.[9] In diesem mythologischen Kontext erscheinen auch die sechs zusammengehörigen Reliefs am südlichen Ballspielplatz in El Tajín: Auf dem vierten Relief führt ein Priester ein Steinmesser zum Hals des Ballspielers. Dies wird von einigen Interpreten als Enthauptungs- und von anderen als Herzopferritual gedeutet, ungeachtet dessen, dass der Protagonist auf dem nächsten Relief wohlbehalten wieder in Erscheinung tritt.[10]

Quetzalcoatl – die gefiederte Schlange

Der Gegensatz der kosmischen Mächte zeigt sich auch in der Geschichte von Ce Acatl Quetzalcoatl, dem König von Tollan, und seinem Widerpart, dem Trickster und Zauberer Tezcatlipoca. Nachdem Quetzalcoatl als Kulturheros eine Zeit lang weise über die erste Stadt der Welt regiert hat, gelingt es seinem Widersacher, ihn aus Tollan zu vertreiben. Schliesslich flieht Quetzalcoatl nach Osten an die Gestade des Meeres, wo er sich in den Morgenstern verwandelt, als welcher er nunmehr als Vorbote der Sonne, des Lichts, wiederkehrt und den Sieg über die Dunkelheit in einem ewigen Wechselspiel ankündet. So tritt der Tod als ständiger Erneuerer auf: in jedem Ende liegt schon der nächste Anfang.[11]

Viracocha – der Schöpfergott der Andenvölker

Viracocha war der alte Schöpfergott und die zentrale Gestalt bei den Aymará und Ketschua bis in die Spätzeit der Inka. Der sprachliche Ursprung sowie die Bedeutung des Namens sind unbekannt. Den ersten Beleg für diese Gottheit finden wir in Tiahuanaco, der auf über 3800 m am Titicacasee gelegenen heiligen Stätte, dem bedeutenden Kulturzentrum, das den gesamten Andenraum während der Epoche von ca. 550 bis 900 n. Chr. prägte. Die zentrale Figur des Reliefs auf dem berühmten Sonnentor wird als der Schöpfergott gedeutet.[12] Er ist menschengestaltig und als von Anbeginn seiend sowie ohne Ende gedacht. Viracocha ist nicht nur der Schöpfer, sondern auch der Erhalter der Welt, derjenige, der ihren Gang aufrecht erhält. Darüber hinaus fungiert auch er als Kulturheros.

Sein Wirken übertrug er indes auf die von ihm geschaffenen Numina, insbesondere auf die Sonne und die übrigen Himmelserscheinungen. Zu diesem Pantheon gehörte Inti, der Sonnen- und Stammgott der herrschenden Oberschicht, d.h. der Inka. Intip churin, Sohn der Sonne, nannte sich der oberste Souverän. An Intis Seite stand Mama Quilla, Mutter Mond. Des weiteren nahm Pachamama, Mutter Erde, eine wichtige Stelle ein und wurde in ganz Peru weit verehrt. Illapa, der Gewittergott, war gefürchtet, aber auch als Regen- und Lebensspender verehrt. Zu diesen Gottheiten gesellten sich noch verschiedene Gestirnsgottheiten und Sternbilder, so etwa der Morgen- bzw. Abendstern und die Plejaden.

Neben diesem Pantheon pflegte jeder Ayllu, d.h. jede Sippe, eigene Huacas. Das sind tier- und menschengestaltige Wesen, die sich an heiligen Orten, in bestimmten Höhlen oder Bäumen u.a.m. aufhalten. Der Ahnenkult schliesslich war ein weiteres Charakteristikum der alt-peruanischen Religionen.

Vom Viracocha-Mythos existieren zahlreiche lokale Varianten mit unterschiedlichsten Ausschmückungen. Der Kern präsentiert sich kurz gefasst wie folgt: Viracocha schuf Himmel und Erde, als sie noch in Dunkelheit lagen. Er machte die Menschen in einem Riesenformat und gab ihnen das Leben ein. Doch sie missfielen ihm, und er zerstörte einige wieder, andere verwandelte er in grosse Statuen oder ertränkte sie durch

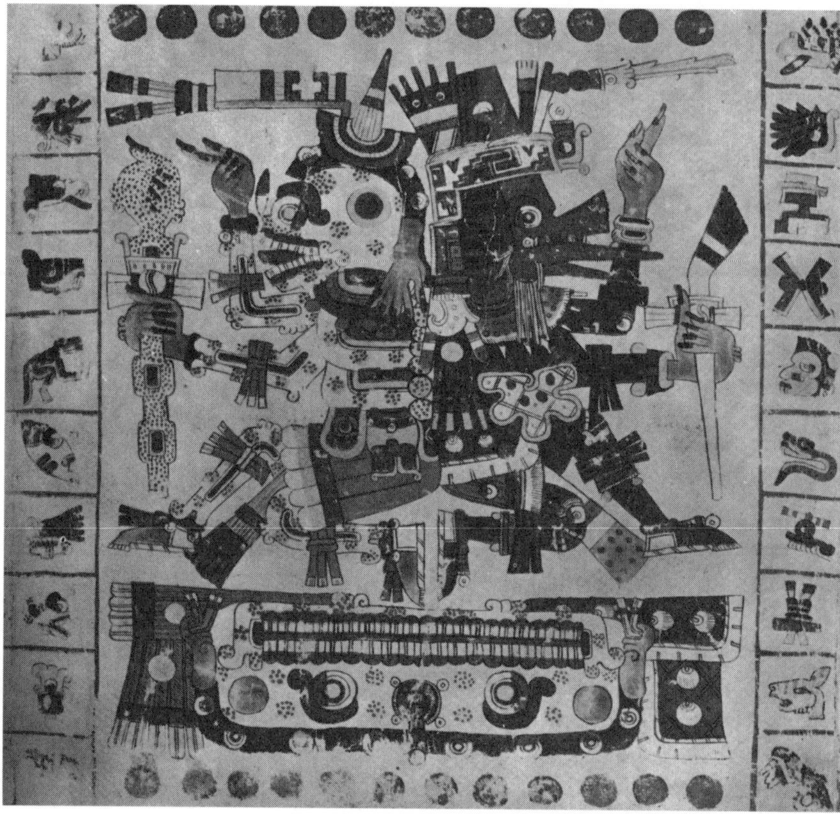

Abbildung 4

Codex Borgia Messicano 1, pagina 56
(Biblioteca Apostolica Vaticana)

Abbildung 5
Tiahuanaco, Sonnentor (Ausschnitt)

eine grosse Flut. Darauf liess er Sonne und Mond aus den Inseln des Titicacasees aufsteigen. Nun schuf Viracocha in Tiahuanaco die heutigen Menschen aus Lehm und zeichnete auf Modellen ihre Kleidung. Hernach brachte er den Menschen die Sprachen sowie die Sitten und Gebräuche bei. Anschliessend schickte er sie in die Erde, worauf sie an ihren Ursprungsorten wieder hervorkamen. Dann zog Viracocha in der Gestalt eines Bettlers mit einem Stab nach Norden. Viele Menschen erkannten ihn nicht und erwiesen ihm daher auch keine Ehre. In Cacha wollte man ihn gar steinigen. Da liess Viracocha Feuer vom Himmel fallen, doch schonte er diejenigen, die ihn um Gnade baten. Schliesslich zog er weiter nach Norden bis zum heutigen Ecuador, wo er bei Manta ins Meer stieg und nach Westen reiste.

In dem obigen Motiv der aufeinander folgenden Zeitalter mit einer unvollkommenen Schöpfung, das im Andenraum weit verbreitet war, finden wir eine Parallele zu den Mythen in Mesoamerika. Eine mythologische Verwandtschaft ist auch in den Funktionen Viracochas zu erkennen. So erschuf er – wie Quetzalcoatl – nicht nur die Menschen, er brachte ihnen auch die Kultur.

Diese Gemeinsamkeiten müssen nicht notwendig denselben Ursprung haben. Vielmehr dürften in diesen Mythologemen archetypische Bilder vorliegen, wie sie auch in Kulturen ausserhalb Amerikas anzutreffen sind.

Endzeit-Vorstellungen

Zyklische Erneuerung der Welt

Eine der zentralen Botschaften der präkolumbischen, insbesondere der altmexikanischen, Mythen ist die zyklische Erneuerung der Welt. In ihr spiegelt sich der ewige Kreislauf von Werden-Sein-Vergehen, der in einem Kampf der antagonistischen Mächte Licht und Finsternis symbolisiert wird, welche durch verschiedene Gottheiten verkörpert werden. Letztere werden dabei durch die Enantiodromie, das wechselseitige Ineinanderübergehen, charakterisiert.

Sie beginnt mit dem Tageslauf und wiederholt sich in den Kalenderzyklen, dem 260tägigen Tonalpohualli und dem Sonnenjahr, dessen Neubeginn von Riten begleitet wurde, so dem Erbohren des Neujahrsfeuers. Der 52-jährigen Periode, die aus der Kombination des Ritual- und des Sonnenkalenders entstanden ist, folgten Überbauungen der Tempelpyra-

Abbildung 6

Codex Fejérváry-Mayer, pagina 1
(Free Public Museum, Liverpool)

miden und Paläste. Die Grosszyklen von 520 Jahren lösten mitunter die Erneuerung von ganzen Städten aus.

Das fünfte Zeitalter, die Gegenwart, wird im Kalenderstein der Azteken in der Mitte dargestellt und wird – nomen est omen – durch das Tageszeichen ‹4-Ollin›, ‹4-Bewegung›, charakterisiert. Es symbolisiert so die Dynamik einer ewigen Wiederkehr.[13] Endzeit bedeutet somit nichts Endgültiges, sondern beinhaltet den Beginn eines neuen Zyklus.

Chiliasmus und Nativismus

Der vorgängig geschilderten präkolumbischen Sicht der Endzeit stehen chiliastische Vorstellungen entgegen, die durch nativistische Reaktionen auf die Unterdrückung durch die Eroberer entstanden sind. Seit der Kolonialzeit kam es sowohl in Süd- wie auch in Mittelamerika immer wieder zu Protesten und Aufständen der Indianer aufgrund der miserablen Lebens- und Arbeitsbedingungen. Diese Revolten waren oftmals religiös motiviert.

1565 entstand in Peru die Taqui-Oncoy-Bewegung.[14] Sie richtete sich gegen die Unterdrücker, d.h. die Spanier, und beruhte auf einer synkretistischen Lehre, in deren Zentrum eine Exstase stand, in welcher sich den Indios eine Gottheit offenbarte. Die Auferstehung der alten Götter wurde verkündet. Sie würden mit zwei Legionen den christlichen Gott im Himmel besiegen und Würmer in die Herzen der Spanier setzen. Etwa 200 Wanderprediger zogen unter der Führung des Indio Chone und seiner beiden Gehilfinnen, die sich Santa Maria und Santa Maria Magdalena nannten, durchs Land. Mit dem Niedergang des neo-inkaischen Reiches von Vilcabamba im Jahre 1572 endete die Bewegung.

Als ein Beispiel aus Mexiko sei der Kult des ‹sprechenden Kreuzes›[15] der Cruzob-Maya[16] in Yukatan angeführt. Im Anschluss an die Niederlage im Kastenkrieg von 1847–1850 begründete der indianische Militärführer, Jacinto Pats (José Maria Barrera), diese nativistische Bewegung mit einem Mutterkreuz in Chan Santa Cruz. Das Kreuz erteilte militärische Anweisungen und prophezeite den Untergang der weissen Herrschaft. 1901 wurden die Cruzob militärisch zwar besiegt, aber nach dem Rückzug der mexikanischen Truppen konnten verschiedene Cruzob- und Nachfolgegruppen im mexikanischen Staat Quintana Roo bis 1971 in beschränkter Unabhängigkeit weiterleben.

Die Bewohner der Zentralanden sind heute offiziell Christen. Die synkretistischen Züge des andinen Christentums sind schon lange bekannt.

Doch eine Untersuchung zeigt, dass sich die indianische und die christliche Religion nicht einfach vermischt haben, sondern dass sich neben dieser ein geschlossenes System der alt-indianischen Religion erhalten hat. Pachamama, die Mutter Erde, wird nicht einfach mit der Jungfrau Maria identifiziert, sondern ist eigenständig. Die Lokalheiligen werden den Konquistadoren gleichgesetzt, die ins Land der Indianer eingedrungen sind. Jesus Christus wird Ehre erwiesen, damit er als böser Zauberer der Weissen nicht noch mehr Unheil über die Indianer bringt. Hierin zeichnet sich klar eine scharfe Kritik der spirituellen Eroberung durch die Kirche ab, welche die militärische fortsetzt.

Bis in die Gegenwart wirken daher die messianischen Bewegungen der Kolonialzeit nach, insbesondere in der Mythe des Inkarrí, dem König Inka:

In der ersten Episode dieser heute wohl lebendigsten zentralandinen Mythe besiegt Inkarrí seinen Nebenbuhler Kollarí (König Kolla – die Kolla im Gebiet der heutigen Aymará wurden um 1470 dem Inkareich unterworfen). Seitdem war das Gebiet um Cuzco, wo Inkarrí residierte, fruchtbarer und mehr mit Regen gesegnet als das der Kolla. Die zweite Episode lautet: *Jesus war gross und stark geworden und wollte seinen älteren Bruder, den Inka, besiegen. Der Mond (Gegner der dem Inka verbündeten Sonne) half Jesus, indem er ihm ein beschriebenes Blatt Papier schickte. Jesus zeigte dem Inka das Papier, dieser bekam Angst, weil er die Buchstaben nicht verstand, und floh. Wilde Pumas, Hilfstruppen Jesu, verfolgten den Inka und hetzten ihn solange, bis er vor Hunger starb. So konnte er nicht mehr verhindern, dass Jesus sich die Gattin des Inka, Mutter Erde, griff und ihr die Kehle durchschnitt. Dann liess Jesus Kirchen bauen. Priester kamen aus Spanien und zogen durch die Provinz Cuzco, damit alles anders werde. Als sie die erste Messe lasen, regnete es Feuer vom Himmel, die Menschen starben und ihre Hütten wurden zerstört. Ihre Rinder liefen auseinander, die einen versteckten sich in den Tiefen des Meeres, die anderen in den Bergen, um nie mehr zurückzukehren* (frei wiedergegeben nach Ortiz Rescaniere und León Caparó). Seitdem regnet es nicht mehr genügend bei den Indianern, ihr Land ist unfruchtbar, weil fremde weisse Mächte, z.B. die USA, Kommunisten oder Leute in Lima das Geheimnis des Überflusses gestohlen haben. Inkarrí wurde enthauptet. In der Verborgenheit wächst aus seinem Kopf ein neuer Körper, der vielleicht eines Tages wiederkommt – dann würde das Land der Indianer wieder fruchtbar werden.[17]

Mit ‹Endzeit› verbinden daher die Indianer heute immer noch das Ende der Herrschaft der Weissen und den Beginn einer neuen Ordnung mit mehr Gerechtigkeit.

Anmerkungen:

1 Im Vergleich hierzu findet man in Afrika vier Sprachfamilien, in Europa sind es lediglich deren zwei.

2 vgl. Abb. 5.

3 Der Autor unternahm einen Schritt in diese Richtung (vgl. Hassler 1992).

4 Seler 1975, S. 221/222.

5 Auf dem Kalender- bzw. Sonnenstein aus Tenochtitlan, der einstigen Hauptstadt der Azteken, sind die Kalender-Zeichen dieser fünf Weltzeitalter dargestellt. In der Mitte befindet sich das Gesicht des Sonnengottes. Um ihn herum sind die Tageszeichen ‹Wasser›, ‹Jaguar›, ‹Regen› und ‹Wind› angeordnet. Alle zusammen bilden die Hieroglyphe ‹Bewegung›, das namengebende Zeichen des fünften Zeitalters, das gleich der Nabe eines Rades in der Mitte aller steht. Um die Kalender-Symbole der Weltalter schliessen sich die 20 Tageszeichen zum Kreis, gefolgt von einem Strahlen-Ring und Himmelszeichen. Die ganze tonnenschwere und fast vier Meter durchmessende Steinscheibe wird von einer doppelköpfigen Schlange eingefasst, aus deren aufgerissenen Rachen je ein Menschenkopf herausschaut (vgl. Abb. 1).

6 In der Dresdener Maya-Handschrift wird auf S. 74 die Zerstörung der Welt durch Wasserfluten dargestellt: Der Himmelsdrachen speit Wasser auf die Erde. Die alte Göttin Ix Chel hilft ihm dabei mit einem Wasserkrug im Beisein einer schwarzen Gottheit.

7 ‹Ort, wo [der Mensch] zum Gott wird›: so heisst die alt-mexikanische Metropole (100 v. Chr. bis ca. 800 n. Chr.), die zu den grössten Städten der Welt der vorindustriellen Zeit gehört. Seinen Namen hat das archäologische Teotihuacan von den Azteken erhalten, als es bereits zur Legende geworden war (vgl. Abb. 2).

8 Wollte man den Mythos lediglich als dramatische Beschreibung der Naturereignisse verstehen, so würde man ihn auf reine Poesie reduzieren. Damit würde man aber der Bildersprache des Mythos nicht gerecht, denn die Botschaft, die dieser vermittelt, ist ein Mysterium, in welchem die Erfahrung des Heiligen tradiert wird (vgl. hierzu Eliade 1961 und Evans-Pritchard 1981).

9 Die beiden Heroen, Hunahpu und Xbalanque, spielen Ball in der Unterwelt. Durch eine List können sie schliesslich die Fürsten der Finsternis besiegen, indem Hunahpu seinen Bruder zerstückelt und wieder ganz macht. Die Herren der Unterwelt sind von diesem Kunststück derart begeistert, dass sie sich allesamt auch zerstückeln lassen. In dieser Form werden sie dann jedoch belassen. Schliesslich verwandeln sich Hunahpu und Xbalanque in Sonne und Mond.

10 Vgl. Abb. 2 und 3.

11 Im Codex Borgia erscheint Quetzalcoatl mit der typischen Schnabelmaske des Windgottes, d.h. in seiner Funktion als Schöpfergott, Rücken an Rücken mit Mictlantecutli, dem Herrn des Todes, der als Skelett dargestellt wird. Aus dem Knochen hat Quetzalcoatl den Menschen geschaffen. Der Knochen enthält somit das potentielle Leben (vgl. Abb. 4).

12 Vgl. Abb. 5.

13 Vgl. hierzu Eliade 1984.

14 taqui: Tanz, oncoy: Krankheit.
15 Das Kreuz ist ein altes präkolumbisches und nicht nur bei den Maya verbreitetes Symbol für die vier bzw. – mit der Mitte – fünf Weltgegenden und den Kosmos überhaupt (vgl. Abb. 6). Es ist hier also nicht das christliche Kreuz gemeint.
16 cruz (span.): Kreuz, -ob: Pluralsuffix in Mayathan, der Sprache der Maya von Yukatan.
17 Lindig/Münzel 1978, S. 356/357.

Literatur:

Anders, Ferdinand/Jansen, Maarten: Schrift und Buch im alten Mexiko. Graz 1988.
Biedermann, Hans: Jade, Gold und Quetzalferdern. Altmexiko im Spiegel des Codex Borgia. Graz 1989.
Deckert, Helmut/Anders, Ferdinand: Die Dresdener Maya-Handschrift. Graz 1989.
Disselhoff, Hans Dietrich: Das Imperium der Inka und die indianischen Frühkulturen der Andenländer. Berlin 1972.
Eliade, Mircea: Mythen, Träume und Mysterien. Salzburg 1961.
Eliade, Mircea: Kosmos und Geschichte. Der Mythos der ewigen Wiederkehr. Frankfurt am Main 1984.
Evans-Pritchard, Edward E.: Theorien über primitive Religionen (Suhrkamp Taschenbuch Wissenschaft, Bd. 359). Frankfurt am Main 1981.
Gerber, Peter R. (Hg.): 500 Jahre danach. Zur heutigen Lage der indigenen Völker beider Amerika (Ethnologische Schriften Bd. 13, Völkerkundemuseum & Ethnologisches Seminar der Universität Zürich). Zürich 1993.
Hassler, Peter: Menschenopfer bei den Azteken? – Eine quellen- und ideologiekritische Studie (Europäische Hochschulschriften, Reihe XIX Volkskunde/Ethnologie, Abt. B: Ethnologie, Bd. 30). Bern/Frankfurt am Main 1992.
Krickeberg, Walter / Trimborn, Hermann / Müller, Werner / Zerries, Otto: Die Religionen des alten Amerika.(Die Religionen der Menschheit Bd. 7). Stuttgart 1961.
Krickeberg, Walter (Hg.): Märchen der Azteken und Inkaperuaner, Maya und Miusca. Köln 1968.
Lindig, Wolfgang / Münzel, Theodor: Die Indianer. Kulturen und Geschichte der Indianer Nord-, Mittel- und Südamerikas. (dtv Taschenbuch Bd. 4317) München 1978.
Riese, Berthold: Geschichte der Maya. (Urban-Taschenbücher Bd 148) Stuttgart 1972.
Seler, Eduard: Popol Vuh. Das Heilige Buch der Quiché Guatemalas mit Schallplatte. (Stimmen indianischer Völker II) Berlin 1975.

Die Autoren

Tovia Ben-Chorin, Dr., Rabbiner, geb. 1936 (Jerusalem) als Sohn von Schalom und Gabriella Ben-Chorin (kurz zuvor aus München eingewandert); Schulen und Studium in Jerusalem, 1960 B. A. an der Hebrew University of Jerusalem, Ausbildung zum Rabbiner und 1964 Ordination am Hebrew Union College – Jewish Institute of Religion, Cincinnati, 1989 Ehrendoktor ebd.; 1964 Praktikum in New York, 1965–1974 Leitung der neugegründeten Gemeinde in Ramat Gan, Tel Aviv; 1974–1977 Rabbiner an der Reformgemeinde in Jackson's Row, Manchester, anschliessend Gründung und Leitung der Jugendbewegung des «Israel Movement for Progressive Judaism» in Jerusalem. Seit 1981 Rabbiner der Gemeinde Har El in Jerusalem, die von seinem Vater, dem Schriftsteller und Theologen Schalom Ben-Chorin, gegründet worden war. Rabbiner, Berater und Vortragsreferent in Israel, Europa (bes. Deutschland), Nordamerika und Südafrika. Zweimal Vorsitzender des Israel Council of Progressive Rabbis. Lehraufträge in der israelischen Armee und am Jerusalem Campus des Hebrew Union College – Jewish Institute of Religion on Practical Rabbinics. 1990 Sabbatical (3 Monate) am Oxford Centre for Postgraduate Studies in Yarnton (Oxford). Seit 1996 Gemeinderabbiner in der jüdischen liberalen Gemeinde Or Chadasch in Zürich. Vorlesungen an der Theologischen Fakultät Luzern. Aktiv im christlich-jüdischen Dialog.

Marianne Chenou-Röthlisberger, Dr. phil. I, geb. 1949, nach längeren Auslandaufenthalten (Belgien, Kolumbien) 1968 Matura in Baden AG; Studium von Arabisch, Islamwissenschaft, Hebräisch und Religionswissenschaft an den Univv. Zürich und Genf, Assistententätigkeit an den Univv. Bern und Fribourg, Promotion 1997 an der Univ. Bern. Lehrbeauftragte für Arabisch und Islamwissenschaft an den Univv. Bern und Fribourg sowie für Kulturanthropologie an der Krankenpflegeschule Fribourg. Übersetzungen arabischer und afrikanischer Literatur. – Forschungsgebiet: Islam in

Schwarzafrika mit bes. Berücksichtigung der sprachlichen und literarischen Aspekte.

Veröffentlichungen u. a.: Der Islam im Spiegel zeitgenössischer Literatur der islamischen Welt (Symposion Bern 1983; 1985, zus. m. J.C. Bürgel u. a.); Ein Vergleich zwischen den Maqamen al-Hamadanis und al-Hariris (1994); Geschichten aus Tausendundeiner Nacht (hg. zus. m. J.C. Bürgel, 1995); Dramatische Strukturen in den Maqamen al-Hamadanis und al-Hariris (1995); Die Stimme der Stummen – Zu den Büchern von Fatima Mernissi (1995); Die Buchwerdung der Offenbarung: Der Koran (1996, 1999); «Nagona» und «Mzingile» – Zwei Romane des tanzanischen Autors Euphrase Kezilahabi (1997); Die Maqamen al-Hariris. Kommentar und vollständige Übersetzung (Diss., im Druck).

Christoph Eggenberger, Prof. Dr. phil. I, geb. 1945, 1964–1971 Studium der Kunstgeschichte an der Univ. Basel und London (The Courtauld Institute), 1971 Dr. phil. I an der Univ. Basel (Diss. über die frühmittelalterlichen Wandmalereien in St. Prokulus zu Naturns), 1985 PD für Kunstgeschichte des Mittelalters an der Univ. Zürich, 1999 Titularprofessor. 1971–1973 Mitglied des Schweizerischen Instituts in Rom, 1973–1975 Denkmalpflege des Kantons St. Gallen, seit 1975 bei der Schweizer Kulturstiftung PRO HELVETIA als Ausstellungsleiter, dann als Leiter der Abteilung Kunst/Film, heute der Abteilung «Visuelle Künste». Präsident der Schweizerischen St.-Lukasgesellschaft (seit 1995), für die Pro Helvetia Mitglied des Stiftungsrates des Schweiz. Nationalfonds (seit 1996), Mitglied der Koordinationskommission für die Präsenz der Schweiz im Ausland.

Veröffentlichungen u. a.: Psalterium aureum Sancti Galli. Mittelalterliche Psalterillustration im Kloster St. Gallen (Habil.schr., 1987); Die Bilderdecke von St. Martin in Zillis (1986); Psalterium Folchardi (Stiftsbibliothek St. Gallen Cod. 23). Codices illuminati medii aevi 11 (1989); Malerei des Mittelalters. ARS HELVETICA. Die visuelle Kultur der Schweiz 5 (1989, zus. m. Dorothee Eggenberger); Leonhard von Matt (1994); Die Bilderwelt des Klosters Engelberg. Das Skriptorium unter den Äbten Frowin (1143–1178), Berchtold (1178–1197) und Heinrich (1197–1223) (als Hg., 1999).

Peter Hassler, Dr. phil. I, geb. 1945, Studium der Alt-Amerikanistik, Indologie und Tibetologie an der Univ. Bonn, 1983 M.A., Promotion in Ethnologie 1992 an der Univ. Zürich; freiberufliche Tätigkeit als Wissenschafter, auch im Informatikbereich; Lehraufträge an den Univv. Basel, St. Gallen und der Fachhochschule Lichtenstein. – Forschungs- und Arbeitsgebiete: Religionsethnologie, Ethnohistorie in Verbindung mit Informatik und Multimedia-Anwendung.

Veröffentlichungen u. a.: Quipus – Altperuanische Knotenschnüre (1981); Menschenopfer bei den Azteken? Eine quellen- und ideologiekritische Studie (Diss. 1992); Die Lüge des Hernán Cortés (1992); Moderne Mythen zu alten Riten. Das mesoamerikanische Ballspiel (NZZ Nr. 184, 1997); Kalachakra Mandala – Computer-based 3D-Animation (Video) (1998); Vom Meditations- zum CAD-Bild: Konstruktionssoftware in der Religionswissenschaft (1999).

Matthias Kaup, Dr. phil. I, geb. 1966. Studium der Geschichte und Latinistik an den Univv. Konstanz, Freiburg, Augsburg, Liturgiewissenschaft am Pontificio Ateneo S. Anselmo Rom, Promotion in mittelalterlicher Geschichte 1997 an der Univ. Konstanz. Ebd. wissenschaftlicher Angestellter am Lehrstuhl für mittelalterliche Geschichte. – Forschungs- und Arbeitsgebiete: Kirchen- und Ordensgeschichte in Verbindung mit Bildungs- und Geistesgeschichte mit Schwerpunkt auf der prophetischen und geschichtstheologischen Literatur des Mittelalters. Projekt: Joachim von Fiore und joachitische Literatur im 13. Jh. (mit Quelleneditionen).

Veröffentlichungen u. a.: *De prophetia ignota* – Eine frühe Schrift Joachims von Fiore (MGH Studien und Texte 19, 1998); Merlin – ein politischer Prophet: Genese, Funktion und Auslegung merlinischer Prophetie im Spiegel zweier unedierter Kommentare des 12. und 13. Jh. (1998, im Druck); Friedrich II. und die frühen Joachiten (1999, im Druck).

Walter Koller, Dr. phil. I, geb. 1947, Realgymnasium in Zürich, Studium der Geschichte und Germanistik an der Univ. Zürich, Doktorat 1972; Assistent für mittelalterliche Geschichte an der Univ. Zürich (Prof. Dr. D. Schwarz) 1973–1975; freier Mitarbeiter der Monumenta Germaniae Historica (MGH) seit 1974; Hauptlehrer für Geschichte am Realgymnasium Rämibühl Zürich seit 1975; Forschungsaufenthalte in München bei den MGH 1978–1981 (Stipendium des Schweizerischen Nationalfonds), 1985/86, 1993, 1996; Lehraufträge an den Univv. Zürich und Konstanz seit 1987. – Forschungs- und Arbeitsgebiet, Projekte: Geschichte und Historiographie des Mittelalters, bes. Süditaliens zur Stauferzeit; Edition der Chronik des sog. Jamsilla für die MGH.

Veröffentlichungen u. a.: Die Urner Fehde der Izeli und Gruoba (Diss. 1973); Studien zur Überlieferung der Chronik des Saba Malaspina (1991); Vergil in der Chronik des Saba Malaspina (1998); Toleranz im Königreich Sizilien zur Zeit der Normannen (1998); Die Chronik des Saba Malaspina (MGH Scriptores 35, 1999, zus. m. A. Nitschke).

Ernst Tremp, Prof. Dr. phil. I, geb. 1948, Mittelschule in Stans NW; Studium der Geschichte, Historische Hilfswiss. und Bibelexegese an der Univ. Freiburg i. Ü., 1974/75 Studienjahr in Paris, Promotion 1980 an der Univ. Freiburg; Forschungsaufenthalt bei den Monumenta Germaniae Historica in München 1981–1984; Habilitation an der Univ. Freiburg 1986. Titularprofessor für mittelalterliche Geschichte an der Univ. Freiburg, Geschäftsführer des Mediävistischen Instituts ebd. Präsident des Geschichtsforschenden Vereins des Kantons Freiburg. – Forschungs- und Arbeitsgebiet, Projekte: Kultur und Geschichtsschreibung der Karolingerzeit, monastische Bewegungen und Adel im Hochmittelalter, hoch- und spätmittelalterliche Landesgeschichte der Schweiz, bes. der Westschweiz und Freiburgs; Edition der *Casus Sancti Galli* Ekkehards IV. von St. Gallen für die MGH.

Veröffentlichungen u. a.: Liber donationum Altaeripae. Cartulaire de l'Abbaye cistercienne d'Hauterive (XIIe-XIIIe siècles) (Diss. 1984); Studien zu den *Gesta Hludowici imperatoris* des Trierer Chorbischofs Thegan (Schriften der MGH 32, 1988); Buchhaltung des Jenseits. Das Buss- und Ablasswesen in der Innerschweiz im späteren Mittelalter (1990); Die Überlieferung der *Vita Hludowici imperatoris* des Astronomus (Studien und Texte der MGH 1, 1991); Rückkehr zu einem finsteren Mittelalter? Geschichten um Ekkehardus Palatinus, von den Casus sancti Galli zum Fernsehfilm (1994); Thegan, Die Taten Kaiser Ludwigs *(Gesta Hludowici imperatoris)*/ Astronomus, Das Leben Kaiser Ludwigs *(Vita Hludowici imperatoris)* (MGH Scriptores rerum Germanicarum in usum scholarum 64, 1995); Mönche als Pioniere: Die Zisterzienser im Mittelalter (1997); Auf dem Weg in die Moderne: Peter II. von Savoyen und die Anfänge der Territorialstaatlichkeit im 13. Jahrhundert (1998); Hildegard von Bingen in der Sicht ihrer Zeitgenossen. Das Zeugnis des Briefwechsels (1999).

Hans Weder, Prof. Dr. theol., geb. 1946, Studium der Theologie und 1977 Promotion, 1979 Habilitation an der Univ. Zürich; 1980 Ordinarius für Neues Testament. – Seit 1983 Mitarbeiter des Evangelisch-Katholischen Kommentars; seit 1986 Präsident der Subkommission Neues Testament für die Neuübersetzung der Zürcher Bibel; 1988 Herausgeber der Zürcher Bibelkommentare; 1989 Herausgeber (zus. m. Peter Stuhlmacher) des Neuen Testaments Deutsch; 1994 Direktor des Instituts für Hermeneutik an der Univ. Zürich; 1996 Mitglied der Académie Internationale des Sciences Religieuses. – Forschungs- und Arbeitsgebiete: Neutestamentliche Hermeneutik und Theologie; Johannesevangelium; Theologie und Naturwissenschaften; Biblische und Literarische Hermeneutik.

Veröffentlichungen u. a.: Die Gleichnisse Jesu als Metaphern (1978, ^{3}1989); Taschen-Tutor Neues Testament (1980, ^{3}1989); Das Kreuz Jesu bei Paulus (1981); Die «Rede der Reden». Eine Auslegung der Bergpredigt heute (1985, ^{3}1994); Neutestamentliche Hermeneutik (1986, ^{2}1989); Einblicke ins Evangelium. Exegetische Beiträge zur neutestamentlichen Hermeneutik (1992); Gegenwart und Gottesherrschaft. Überlegungen zum Zeitverständnis bei Jesus und im frühen Christentum (1993).

Heinz Zemanek, Prof. Dr. techn., geb. 1920, Bundesrealschule Wien, Technische Hochschule Wien 1937–1940, Dipl.Ing. 1944, Dr.techn. 1951, Dozent 1959, a.o.Prof. 1964, O.-Univ.Prof. 1984; Hochschulassistent 1947–1961, Direktor des IBM-Laboratoriums Wien 1961–1976, IBM-Fellow 1976–1985; Bau des Computers URR1 1952–1954, Leitung der Entwicklung des Transistorcomputers Mailüfterl 1956–1959 und der formalen Definition der Programmiersprache PL/1 1964–1968; Theorie der Systemarchitektur 1976–1985; Dr. h.c. der Univ. Linz (1977), der Univ. Erlangen (1986); Mitglied der Akademie der Künste Berlin (1971), der Österreichischen Akad. der Wiss. (1984), der Wiener Katholischen Akad. (1984), der Europäischen Akad. der Wiss. (1993), Korrespondierendes Mitglied der Spanischen, Bayerischen, Russischen Akad. der Wiss.; Mitglied und Ehrenmitglied mehrerer Computergesellschaften; von der Gründung an mit der IFIP (International Federation for Information Processing – Weltcomputergesellschaft) verbunden, 1967–1975 im Vorstand, 1971–1974 Präsident. – Forschungs- und Arbeitsgebiet: Informationstechnik und deren Geschichte, Programmiersprachen, Geschichte der Zeitrechnung.

Veröffentlichungen u. a.: Elementare Informationstheorie (1959); Kalenderbuch (1978); Weltreich der Information (Weltmacht Computer) (1991); Das geistige Umfeld der Informationstechnik (1992); Kalender und Chronologie (6. Aufl. im Druck).